CHRISTOF LEIM

101 ROCK STORIES

CHRISTOF LEIM

101 ROCK STORIES

★ANEKDOTEN★

★EXZESSE★

★WILDE GESCHICHTEN★

riva

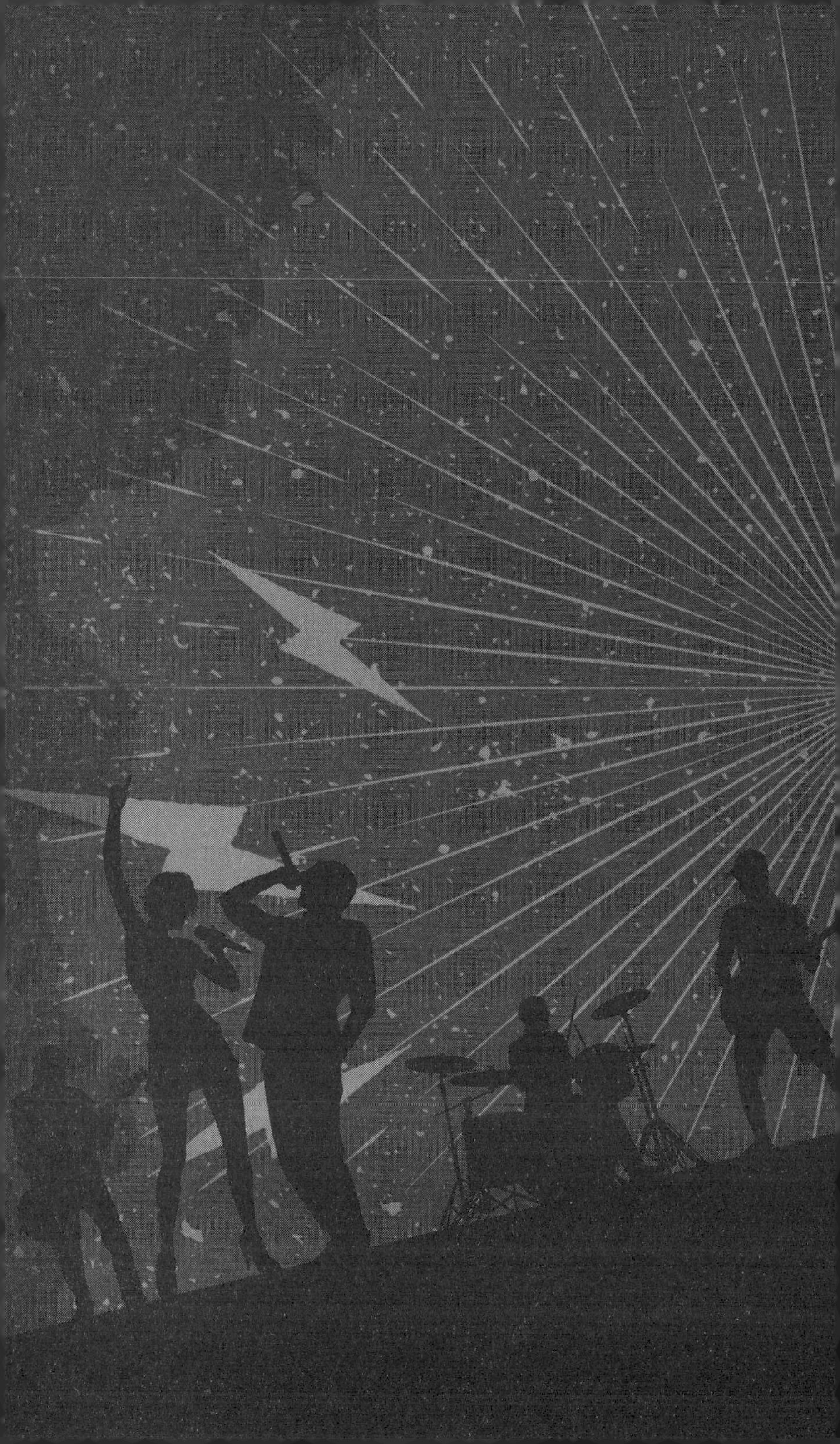

INHALT

INTRO

Sonntagmorgen in einem kleinen Dorf im Hunsrück, irgendwann Mitte der Achtziger. Im Fernsehen läuft *Rock 'n' Roll High School*, der kultige Film mit und über die Ramones. Von der Musik verstehe ich Zehnjähriger noch nichts, aber die Typen, die sind cool. Irgendwie scheint da eine Menge zu passieren in dieser fremden Welt aus Stars, Fans und Backstage-Wahnsinn. Aufregend! Das Kiss-Poster an der Wand meines Grundschulkumpels Jens beeindruckt mich genauso: Was zur Hölle sind das denn für Gestalten? Die Gesichter! Die Kostüme! Bisschen beängstigend fast. Aber: Wow! Einen Song der Band habe ich bis dahin noch nicht gehört. Egal.

Rock 'n' Roll besteht eben nicht nur aus Tönen. Die Faszination der Rockmusik liegt auch in den Geschichten und Sprüchen drum herum. Steckt man Musikliebhaber zusammen, reden sie irgendwann über Platten, Bands und vor allem die Anekdoten dazu – das ist so sicher wie das »Oh yeah!« auf einem Metallica-Livealbum. Manche Storys gehören geradezu zur Folklore des Genres, etwa die, wie Ozzy einer Fledermaus den Kopf abbiss, in welchen »Schneestürmen« Mötley Crüe gelebt haben oder wie viele Frauen Gene Simmons während der Siebziger »näher kennengelernt« hat. Den Fans sind diese Geschichten so vertraut wie die ersten sechs Black-Sabbath-Pflichtwerke und der Geburtstag von Lemmy (Heiligabend natürlich).

Vielleicht deshalb merkt sich mein Hirn so etwas viel besser als die angeblich wichtigeren Dinge des Lebens. Ich liebe Rock-'n'-Roll-Storys. Und ich rede gerne darüber, fragt mal meine Frau.

In über 20 Jahren als Musikjournalist sind mir unzählige solcher Legenden und Anekdoten begegnet. Deshalb habe ich irgendwann begonnen, sie zu sammeln. Über manche habe ich in Magazinen und Blogs geschrieben oder darüber im Radio und bei Podcasts gesprochen. Andere bringe ich live auf die Bühne bei meiner Spoken-Word-Show *Rock Stories.*

Für dieses Buch habe ich nun meine allerliebsten Geschichten zusammengetragen. Die meisten Texte befassen sich mit den Bands der lauteren, härteren Spielarten, größtenteils stammen sie aus den letzten vier Dekaden, von den Achtzigern bis heute. Diese goldene Ära von Hardrock und Heavy Metal gefällt mir zum einen am besten und zum anderen denke ich, dass die Storys aus den glorreichen früheren Jahren der Rock- und Popmusik schon öfter erzählt worden sind.

Diese Sammlung soll weder Nachschlagewerk noch Lexikon sein und auch kein Feuilletonstoff, keine sogenannte Poptheorie, die mit dem Schwung eines Germanistikseminars über Sex, Drugs & Rock 'n' Roll zu referieren versucht. Geht meistens schief, scheint mir. In *101 Rock Stories* stehen Dinge, die sich Musikliebhaber spätestens nach drei Songs und/oder zwei Bierchen sowieso erzählen würden, die aber nicht jeder schon kennt. Und nicht selten führt dabei eine Erzählung zur nächsten, es gibt Geschichten in Geschichten, Querverbindungen, Hintergründe und lustige Zusammenhänge. Es geht um große Stars und große Songs, um Unfälle und Todesfälle, um Drogen, Sex und Superlative. Deshalb finden sich in diesem Buch vermutlich sogar mehr als »101 Rock Stories«. Und damit sind längst nicht alle erzählt …

Viel Spaß!

Christof Leim

1

WILDES LEBEN

Was Rocker so alles anstellen, wenn man sie unbeaufsichtigt lässt

»Take a ride on the wild side«

Axl Rose droht David Bowie Prügel an

»Ich bring dich um, Tin Man!«, brüllt Axl Rose am 10. Oktober 1989 und rennt hinter David Bowie her. Was war denn da los? Und was haben Slashs Mutter und Mick Jagger damit zu tun?

Ein wilder Clip soll es werden, den Guns N' Roses im Herbst 1989 in Hollywood drehen. »Wirklich riskant, verdammt noch mal live und mit Vollgas«, so lautet die Direktive von Axl Rose für den Song »It's So Easy« vom Album *Appetite For Destruction* (1987), das die Band zu Rockstars gemacht hat. Das Ganze passiert im Cathouse, einem Stammladen der fünf Musiker auf dem Sunset Boulevard in Hollywood. Hier spielt die Band in ihrer ganzen dekadenten, wilden Pracht auf einer kleinen Bühne vor einer durchdrehenden Menge. Go-go-Tänzerinnen tanzen Go-go, auf Slashs Shirt steht groß »Blow Me« und Axl trägt noch die Haare toupiert. Zum Drehbuch gehören auch Einstellungen in einer Limousine, in der der Sänger mit zwei Damen Dosenbiere kippt. Wie man es halt so macht. Selbst für einen Dienstag ist das in der Welt von Guns N' Roses nicht so ungewöhnlich.

Aus der Reihe fallen allerdings die Bondage-Szenen: Dabei trägt Axl noch mehr Make-up als sonst, seine Freundin Erin Everly ein SM-Outfit in schwarzem Lack und Leder, komplett mit Handschellen und rotem Ball als Knebel im Mund. Genau deswegen tritt Manager Alan Niven nach Fertigstellung auf die Bremse; erst 2018 wird der Clip veröffentlicht. Riki Rachtman jedenfalls, der Besitzer des Cathouse und in der Folge Moderator von *Headbanger's Ball*, erzählt später: »Die Jungs wussten, dass sie in unserem Club machen konnten, was sie wollten.« (Erin Everly ist es übrigens, über die Mr. Rose im Klassiker »Sweet Child O' Mine« singt. Im April 1990 heiraten die beiden, Don Everly von den Everly Brothers wird damit Axls Schwiegervater. Zehn Monate später kommt die Scheidung.)

Einen Zuschauer bei diesem Spektakel von Videodreh kennen wir alle: David Bowie höchstselbst. Der Glamrock-Gottvater hatte in den Siebzigern ein Techtelmechtel mit Ola Hudson, der Mutter von Saul Hudson, den heute jeder nur Slash nennt. Ola und Bowie bleiben Freunde und deshalb schaut sich der Sänger an, was der Nachwuchs seiner Ex-Freundin so treibt. Leider findet Bowie, angeblich ordentlich betankt, Axls Herzdame Erin dabei ein bisschen zu interessant. Als Mr. Rose das beobachtet, dreht er durch …

Die Details sind Dekaden später nicht mehr eindeutig, aber laut Rachtman kommt ein Sicherheitsmann auf ihn zu und sagt: »Riki, Axl Rose jagt David Bowie die Straße runter und sagt, er will ihn umhauen.« Weil Bowie damals in der Band Tin Machine spielt, soll der Guns-N'-Roses-Sänger gebrüllt haben: »Ich bring dich um, Tin Man!« Ob es wirklich zu Handgreiflichkeiten kommt, wird nie bestätigt oder dementiert, aber der Vorfall hat ein Nachspiel. Genau genommen sogar drei. Am nächsten Tag nämlich gibt die Band eine »richtige« Show im Cathouse, um sich für vier Konzerte mit den Rolling Stones eine Woche später aufzuwärmen. Erneut sind Bowie und Ola Hudson zugegen, was Axl inspiriert, von der Bühne aus Beleidigungen vom Stapel zu lassen, wie Slash 2007 in seiner Autobiografie darlegt. Seine Mutter versteht das ganze Theater gar nicht, Sohnemann erklärt es ihr.

Auch die Auftritte im Vorprogramm der Stones vom 18. bis 22. Oktober 1989 verlaufen nicht problemlos und geben für sich genommen schon wieder herrliche Geschichten ab. So muss Axl von der Polizei abgeholt werden, um überhaupt aufzutreten, und droht dann mit Bandauflösung, wenn die Kollegen nicht bald aufhören, »mit Mr. Brownstone zu tanzen«, also ihren Heroinkonsum nicht in den Griff bekommen. Der Vorfall vom Videodreh hat da backstage bereits die Runde gemacht, weswegen Mick Jagger und sein alter Kumpel Eric Clapton Axl Rose ansprechen. »Ich sitze so auf einem Verstärker rum, da stehen beide plötzlich vor mir«, erinnert sich Axl in einem

Kerrang!-Artikel. Der Vorfall vom Videodreh hat da backstage bereits die Runde gemacht, weswegen Mick Jagger und sein alter Kumpel Eric Clapton Axl Rose ansprechen. Der sonst eher schweigsame Jagger will wissen, ob Axl sich tatsächlich mit Bowie gekloppt habe, erinnert der sich in dem *Kerrang!*-Artikel. Also berichtet der Guns-N'-Roses-Frontmann vom Vorfall beim Videodreh – woraufhin die beiden älteren Stars beginnen, sich ausführlich über Bowie zu unterhalten. Sie schwadronieren komplett unter sich über frühere Zeiten und wie der Mann so drauf ist, »wenn er gesoffen hat«. Axl sitzt derweil nur da und hört zu, wie sie sich »das Maul zerreißen« – lustig!

Interessanterweise vertragen sich die beiden Streithähne später, nachdem Bowie sich für sein Verhalten entschuldigt. »Wir haben geredet und sind essen gegangen«, verrät Axl im selben *Kerrang!*-Text. Zusammen besuchen sie einen Laden namens China Club und nachher dankt der Neustar dem Veteranen: »Du bist der Erste, der jemals auf mich zugekommen ist und gesagt hat, wie leid ihm die Situation tut.« Beste Kumpels sind die beiden danach zwar nicht, aber erwartungsgemäß entdecken sie eine Menge Gemeinsamkeiten. Axl jedenfalls findet: »Das war cool. Ich mag Bowie.« Na also.

David Bowie setzt sich für Langhaarige ein

Dass David Bowie trotz gelegentlicher Streitigkeiten mit Herrschaften wie Axl Rose grundsätzlich nichts gegen langhaarige Rocker hat, zeigt er schon 1964 – als er öffentlich mehr Verständnis für raumgreifende Mähnen bei Männern fordert.

Seinen ersten Fernsehauftritt absolvierte David Bowie nicht als Musiker. Nicht mal als David Bowie, denn damals hieß er noch David Jones. Am 12. November 1964 spricht er in der BBC-Sendung *Tonight* als Vorsitzender der »Gesellschaft zur Vermeidung von Grausamkeit gegenüber langhaarigen Männern« …

Eigentlich sieht er ja ganz adrett aus, der 17-jährige Blondschopf im Anzug, der da im Fernsehstudio sitzt. Allerdings reicht seine Frisur hinten bis zum Kragen. Das gilt in den Sechzigern bei Männern als »langhaarig« – und damit selbstredend als gesellschaftszersetzend, ja dem drohenden Untergang der Zivilisation zuträglich. Der junge Bowie beschwert sich in der Sendung über Kommentare wie »Schätzchen« oder »Kann ich deine Handtasche tragen?« und stellt klar: »Das muss aufhören!« Deshalb habe er die »Gesellschaft zur Vermeidung von Grausamkeit gegenüber langhaarigen Männern« gegründet. Bei alldem verzieht Bowie keine Miene, wirkt zurückhaltend, aber ausgesprochen selbstbewusst.

Nun stellt sich die Frage: Ist das ernst gemeint? Oder Scherz, Satire, Strategie? Ziemlich sicher Letzteres und zwar alle drei Punkte. Schon früh in seiner Karriere zeigt Bowie außerordentliches Geschick für öffentlichkeitswirksame Selbstdarstellung, denn natürlich geht es hier um Eigenwerbung für seine damalige Band The Mannish Boys. So verschafft der Auftritt dem Sänger zum Beispiel ein Interview auf den Seiten der *London Evening News*.

Es ist nicht die erste Vereinigung, die den zukünftigen Star als Aktivisten zeigt: Mit der »Internationalen Liga zur Erhaltung tierischer Fäden« (bitte was?) schaffte er es kurz vorher bereits ebenfalls in die Zeitung. Und bei all diesen Gelegenheiten lässt er einfließen, dass man gerne Popstars wie »Screaming Lord Sutch, The Pretty Things und natürlich die Stones und die Beatles« als Mitglieder begrüßen würde, vor allem aber, dass er selber ja auch Musik mache …

Einige Monate später im März soll die Band dann in einer anderen BBC-Sendung namens *Gadzooks! It's All Happening* auftreten, doch angeblich verlangt der Produzent, man soll sich doch erst mal vernünftige Frisuren zulegen. Dem widerspricht Bowie: »Ich würde nicht mal für den Premierminister meine Haare schneiden lassen, für die BBC also schon gar nicht.« Mit dieser Sentenz eckt unser Mann natürlich wieder ein bisschen an, aber genau das ist ja der Plan. Man könnte sagen: Das war Clickbait, bevor es Clickbait gab. Ob die »Gesellschaft zur Vermeidung von Grausamkeit gegenüber langhaarigen Männern« jemals ihr volles Potenzial entfalten und mehr prominente haarige Unterstützer gewinnen konnte, bleibt im Dunkeln. Aber für eine beeindruckende Karriere hat es bei David Bowie auch so gereicht, meist übrigens mit kurzen Haaren.

Fest steht: Langhaarige haben es über die Jahrzehnte durchaus manchmal schwer: So können Led Zeppelin ein für den 14. Februar 1972 geplantes Konzert in Singapur nicht spielen. Genau genommen dürfen die vier Engländer nicht mal einreisen, denn seit den Sechzigern verbietet in diesem Land ein Gesetz Männern, ihre Haare lang zu tragen. Mit der »Operation Snip Snip« (hieß wirklich so!) soll dem wachsenden Einfluss der schädlichen Hippiekultur entgegengewirkt werden; ähnliche Regelungen existieren etwa in Malaysia und Südkorea. Und »lang« wird in diesem Zusammenhang genau definiert: Das Haar darf weder die Stirn noch die Ohren bedecken und auch nicht weiter als der Hemdkragen herunterreichen. Wer bei der Einreise diesbezüglich aus der Rolle fällt, kann sich in nahe gelegenen Friseursalons umgehend auf Linie bringen lassen – oder wird abgewiesen.

Für Led Zeppelin kommt natürlich nicht mal Spitzenschneiden in Betracht, also müssen sie Singapur komplett absagen. Die Trauer dürfte sich in Grenzen gehalten haben: Die Band reist einfach im Privatflugzeug über Indien weiter nach Australien. Auch Cliff Richard darf im gleichen Jahr wegen schulterlanger Haarpracht nicht in Singapur spielen, während die Bee Gees zwar trotz ihrer fluffigen Föhnwellen auftreten können, aber umgehend wieder auszureisen haben. Erst in den Achtzigern entspannt sich die Frisurenpolitik des Landes. So schafft es der ehemalige Zeppelin-Sänger Robert Plant 2013 durch die Passkontrolle, um ein Konzert zu geben – mit bekannter Lockenmähne, wohlgemerkt.

Das Dilemma mit den Zotteln zieht sich durch viele Songs der klassischen Rockära. 1970 sinnieren Crosby, Stills, Nash & Young in »Almost Cut My Hair« noch darüber, ob es gesellschaftlich nicht einfacher wäre, auf einen feschen Kurzhaarschnitt umzuschwenken. Bob Seger und seine Silver Bullet Band erleben während ihrer endlosen Touren durch den Mittleren Westen der USA ständig Spott und Ablehnung wegen ihrer langen Haare. Bei einem Raststättenbesuch fällt von feindselig gestimmten Truckern mal wieder der übliche Spruch »Seid ihr Frauen oder Männer?«, den die Musiker dann kurzerhand in einen Song einbauen. »Turn The Page« mit der Zeile »Oh, the same old clichés / Is that a woman or a man?« erscheint 1972 und handelt vom Leben »on the road«. Metallica machen ihn 1998 erneut zum Hit.

Den Kanadiern Five Man Electric Band geht es ähnlich. In »Signs« singen sie von Schildern, die »long-haired freaky people« nahelegen, sich gar nicht erst für einen Job zu bewerben. Hier sind es Tesla, die das unbekannte Lied 1990 in der Hardrockwelt publik machen. Damals ist die Gesellschaft natürlich schon weiter: D-A-D, die lustigen Cow-Punk-Rocker aus Dänemark, stellen ein Jahr später in einem ihrer bekanntesten Songs klar: »I Won't Cut My Hair«. Im 21. Jahrhundert spielt die Haarlänge bei Musikern der lauten Genres gar keine Rolle mehr; lange Mähnen wirken mitunter sogar anachronistisch und stellen sich gegen den Trend. Letzteres wiederum entspricht dann wieder ziemlich genau dem Geist des Rock 'n' Roll …

Metallica vs. MTV: Wenn Superstars sich keine Vorschriften machen lassen wollen

Eigentlich ein normaler Job: 1996 sollen Metallica bei einer Preisverleihung spielen. Aber wenn große Rockstars zu viele Verbote hören, reagieren sie schon mal ungehalten …

London, 14. November 1996: MTV verleiht bei einer großen Gala Auszeichnungen an die Stars des Jahres. Die Sause wird moderiert von Robbie Williams und live im Fernsehen ausgestrahlt. Unter anderem werden Oasis in den Kategorien »Best Song« und »Best Group« ausgezeichnet, Alanis Morissette gewinnt »Best Female«, George Michael wird »Best Male«. Dazwischen musizieren die großen Namen der Zeit, etwa The Fugees, Garbage, Boyzone, Bryan Adams und Simply Red. Auch Metallica stehen auf dem Plan mit einer Live-Performance von »King Nothing«, einer Single ihres frisch veröffentlichten Albums *Load*.

Beim Soundcheck am Nachmittag lodern Flammenwände am vorderen Bühnenrand und neben dem Schlagzeug – ein cooler Effekt. Doch die Verantwortlichen von MTV informieren die Metal-Helden, dass sie bei der Show auf Pyros verzichten müssen – und vor allem auf keinen Fall fluchen dürfen. Böse, böse Worte wie »shit« und das immer handliche »fuck« sind im Fernsehen natürlich verboten. Kein Geboller, kein Feuer und nicht mal »Scheiße« sagen dürfen? Das gefällt unseren Helden gar nicht …

Als Metallica schließlich auf der Bühne stehen, von Robbie Williams mit großem Hallo begrüßt, stimmen die Metal-Könige deshalb nicht etwa den vergleichsweise gemütlichen Midtempo-Rocksong »King Nothing« an. Nein, die erste Zeile, die James Hetfield ins Mikro brüllt, lautet: »I got something to say, I killed your baby today« …

Es folgt ein zweiminütiger Punkrock-Ohrwurm namens »Last Caress«, ein Klassiker der Horrorpunks Misfits. Die zweite Strophe beginnt mit dem hübschen Vers »I got something to say, I raped your mother today« und in der Regie bekommen vermutlich einige Leute hektische Schweißflecken. Metallica haben den Plan geändert, aber niemandem etwas davon erzählt. Und das Ganze wird live und unzensiert ausgestrahlt. Herrlich.

Natürlich sind das harte Zeilen, die »in echt« gar nicht gingen – wenn man den Text denn partout ernst nehmen wollte. Die Misfits und ihr Sänger Glenn Danzig wollten 1980 provozieren, und das wollen Metallica jetzt auch. Sie legen sogar noch einen drauf: Bevor irgendwer reagieren kann, hauen sie ohne Pause »So What?« raus, eine rüde Rumpelnummer der britischen Band Anti-Nowhere League. Und hier geht es im Text dann richtig ab: Die Frage »So fucking what?« macht nur den Anfang, mehr schmissige »Fucks« folgen in jeder zweiten Zeile, geschmackvoll gewürzt mit gelegentlichen »cunts«.

Dazwischen rezitiert James Hetfield Wissenswertes über Geschlechtskrankheiten (»I've had crabs, I've had lice, I've had the clap and that ain't nice«) und sogar Poesie aus dem Tierreich (»I've fucked a sheep, I've fuck a goat, I rammed my cock right down it's throat«). So geht es fröhlich weiter, mit »old man's cock«, »pint of piss« und viel »Who cares?«, alles live im Fernsehen. Schön auch: Bei der Zeile mit der Ziege (»goat«) schaltet die Kamera gerade zu einer Nahaufnahme vom Gesicht des Sängers. Hetfield zuckt mit keiner Wimper. Haha.

Nun sind beiden Punk-Liedchen offensichtlich so überzogen, dass man darüber nur lachen kann, zumal es in Musik, Film und Literatur wirklich Schlimmeres gibt als ein paar Schimpfworte, die bestimmt nicht den Untergang der Welt beschleunigen. MTV zeigt sich trotzdem »not amused«. In zukünftigen Ausstrahlungen der Gala fehlt der Auftritt von Metallica und wird auch nirgends erwähnt. (Angeblich wegen fehlender Senderechte für die zwei Coverversionen. Is' klar …) Natürlich gehört die Band in den folgenden Jahren trotzdem zu den Stammgästen auf MTV, natürlich hält sich der eigentliche Skandal in Grenzen. Aber ein stolzer Mittelfinger zur rechten Zeit ist doch ein feiner Spaß für Rocker jeden Alters.

Alice Cooper erhängt sich beinahe selber

Die meisten Unfälle passieren ja im Haushalt, und das ist für Rockstars eben die Bühne. In Alice Coopers Haushalt geht es nur etwas gefährlicher zu als bei anderen …

Am 7. April 1988 gastiert der Meister der schockierenden Bühnendarbietungen mit dem Album *Raise Your Fist And Yell* im legendären Wembley Stadium in London. Die »Live In The Flesh« betitelte Tour sorgt insbesondere in Europa für Aufruhr, in Deutschland werden sogar Teile der Show zensiert. Ein Versuch, die Konzerte in Großbritannien komplett verbieten zu lassen, scheitert.

Viel Inspiration zieht Cooper damals aus den angesagten Slasher-Horrorfilmen, weshalb unter anderem eine Person von einem Fahrrad aufgespießt wird – wie bei seinem Auftritt im John-Carpenter-Film *Prince of Darkness (Die Fürsten der Dunkelheit)*. Für die Produktion solcher Stunts auf der Konzertbühne hat der Sänger eigens den Zauberkünstler James Randi engagiert. Zum ersten Mal seit den frühen Siebzigern gehört auch wieder der Galgen zu den Geräten, dank derer der arme Alice während der Gigs sein theatralisches Ende findet.

Mit solchen Showeinlagen hatte Cooper bereits 1971 und 1972 während der Touren zu *Killer* und *School's Out* für Begeisterung beim Publikum und Schockreaktionen in der Öffentlichkeit gesorgt – alles genau so, wie es sein soll. Nur einmal geht ein Fan auf tragische Art zu weit: Ein 14-jähriger Junge namens David aus dem kanadischen Calgary kommt 1974 nach einer Fernsehübertragung eines Alice-Cooper-Konzerts auf ganz falsche Ideen, erklärt seiner Schwester, den Trick könne er auch – und wird später erhängt in einem Schrank gefunden.

In späteren Jahren nutzt Alice für das Konzertspektakel dann eine Guillotine und einen elektrischen Stuhl. Erst für die 1988er-Tour muss er wieder allabendlich an den Strick. Dabei trägt der Sänger ein Gurtgeschirr und hängt damit an einem hauchdünnen, megastabilen Stahldraht, der so abgemessen ist, dass sich die Schlinge gerade eben nicht um seinen Hals schließen kann. Das funktioniert unzählige Male ohne Probleme (und sieht verblüffend echt aus), doch »irgendwann wird jedes Material mürbe«, wie Cooper in der Zeitschrift *Entertainment Weekly* erzählt: »Wir haben nie daran gedacht, den Draht mal auszutauschen.« An jenem 7. April 1988 in Wembley reißt er: Der Sänger spürt, wie das Galgenseil sein Kinn berührt, und wirft im selben Sekundenbruchteil den Kopf in den Nacken. Dadurch rutscht die nicht ganz eng gezogene Schlinge über seinen Hals und Kopf. Hätte sie ihn am Kinn zu fassen bekommen, wäre die Sache vermutlich anders ausgegangen, denn am Galgen sterben Verurteile üblicherweise nicht nur durch Ersticken, sondern mitunter auch durch Genickbruch. Alice Cooper kracht auf den Boden und wird bewusstlos, aber er atmet. Glück gehabt. Es kursieren Versionen der Geschichte, in denen der Rocker einige Sekunden in der Luft hing, bevor ein Roadie ihn retten konnte, aber offensichtlich erinnert sich der Meister selbst an einen anderen Hergang.

Das Krasseste: Als Cooper wieder zu sich kommt, beendet er – ganz der professionelle Entertainer – das Konzert. Respekt. Andere Quellen verorten den Unfall bei den Proben in Wembley, was dem Meister immerhin Zeit gegeben hätte, sich für den Abend zu sammeln. So oder so: Eine Show abzusagen oder abzubrechen, steht offenkundig nicht zur Debatte.

Auch in den folgenden Jahren gehören Strick, Fallbeil und elektrischer Stuhl zu vielen Alice-Cooper-Shows. »Wenn ich in den Zirkus gehe und mir einen Typen im Käfig mit zwölf Tigern angucke«, erklärt Cooper, »dann besteht immer die Chance, dass ein Tiger sich nicht an den Plan hält. Bei einem Hochseilakt könnte es jede Sekunde zu einer Tragödie kommen. Dieses Element wollte ich immer in unseren Shows haben: Was die Leute erleben, könnte der letzte Abend mit Alice Cooper sein!« Das birgt Gefahren, weswegen der Sänger seit jeher den Mitgliedern seiner Band drei Dinge verspricht: »Ihr werdet bezahlt. Ihr reist um die Welt. Und ihr werdet Wunden nähen lassen müssen.« Aber: *The show must go on,* und das tut sie bei Alice Cooper immer.

The Offspring verschenken eine Million Dollar

Es sollte eigentlich nicht schwerfallen, einen Riesenhaufen Geld loszuwerden. Doch für The Offspring gestaltet sich das unerwartet mühsam...

Ende Oktober 2000 bringen The Offspring die erste Single zu ihrem neuen Album *Conspiracy Of One* raus. »Original Prankster« heißt der Song, und den bietet das Quartett auf seiner Homepage zum kostenlosen Download an. Besser noch: Unter allen Interessenten verlost die Band automatisch eine Million Dollar. Von ihrem eigenen Geld, wohlgemerkt.

Der ganzen Aktion ging ein Streit zwischen The Offspring und ihrer Plattenfirma Sony voraus, denn The Offspring wollen als Unterstützer der neuen Netzwelt zunächst ihr ganzes Album für lau ins Internet stellen. Bei Sony bekommt man da natürlich nervöse Flecken. Kurz bevor sich beide Parteien vor Gericht treffen und die ganze schöne Veröffentlichungsplanung in sich zusammenfällt, einigt man sich auf den Kompromiss, nur die Single »Original Prankster« zu verschenken. »Das ist eine aufregende, abgefahrene Möglichkeit, der Welt zu verkünden, dass unsere Platte rauskommt«, findet Dexter Holland in einem Gespräch mit dem Sender ABC. »Und mir gefällt die Tatsache, dass wir den Leuten nicht die Dollars aus der Tasche ziehen, sondern etwas zurückgeben. All unser Geld kommt von unseren Fans, deshalb halten wir diese Verlosung für eine nette Geste. Das können Bands ruhig mal machen, denn ihnen muss klar sein, dass die Fans sie so weit gebracht haben.« Vier der 500 000 Nutzer, die den Song runtergeladen haben, kommen per Auslosung in die Endrunde – und dürfen bei einem Quiz in New York vor laufender MTV-Kamera ihr Triviawissen zur Band unter Beweis stellen. Zwei Mädchen schaffen es zur letzten Frage. Sie vereinbaren, das Preisgeld zu teilen, wenn eine gewinnt – wie nett! Doch dann geht es nicht weiter, denn anscheinend haben die beiden, nun ja, nicht wirklich viel Ahnung von The Offspring. Das macht die Angelegenheit etwas zäh und latent peinlich für die Band, die Mädels und das Publikum. Kann passieren.

Moderator Carson Daly muss Tipps geben, bis schließlich der Groschen fällt: Die 14-jährige Ashley Hitchcock aus Winder, Georgia, kann Gitarrist Noodles als ältestes Bandmitglied benennen. Gewonnen! Ashley erhält tatsächlich eine Million Dollar – in 100-Dollar-Scheinen. Das ist verdammt viel grünes Papier. Vielleicht passiert die Übergabe deshalb mit einem eigenes gestalteten Pick-up-Truck, der vor dem MTV-Studio am Times Square geparkt wurde.

Ashley kann es natürlich kaum glauben und erklärt später, dass sie ein Haus und ein Auto für ihren Vater kaufen möchte, außerdem will sie die Schulden der Familie tilgen. »Sie scheint ein cooles Mädchen zu sein«, kommentiert Noodles. »Hoffentlich geht sie klug mit dem Geld um. Ich denke, das wird sie.« Was aus der jungen Dame und ihrer Mitbewerberin Christina Belmont geworden ist, lässt sich jedoch nicht herausfinden. Noodles erinnert sich später: »Wir waren nur ihre Zweitlieblingsband! Hinter Slipknot!«

Kiss zünden in Bremen alle Pyros auf einmal

Viel hilft viel: Das gilt insbesondere für Kiss und ihre Bühnenshow. Da lassen die Schminkemonster sich auch nicht reinreden. Das führt zu explosiven Reaktionen und einer vermeintlich rebellischen Heldentat.

20

Im Frühjahr 1999 rollt die *Psycho Circus World Tour* durch Norddeutschland. Kiss spielen wieder in Originalbesetzung und haben sogar ein neues Album am Start. Die Reunionkonzerte der Vorjahre haben mit einer großen Show wie in den goldenen Siebzigern Fantastillionen Dollar eingespielt. Und die neue Runde soll dem in nichts nachstehen. Das heißt: Bomben, Pyros, Feuer, wie es sich gehört.

Für das Konzert am 12. März in Bremen allerdings, so heißt es aus dem Kiss-Lager, untersagen die Behörden das Spektakel. Und Kiss halten sich an die Vorgaben. Fast. Nach zwei Songs bringt Paul Stanley einen Übersetzer auf die Bühne, der den Fans erklärt, warum es weniger knallt als sonst: »Wir haben alle möglichen Bomben dabei, Rauch und Explosionen. Aber die Feuerwehr lässt uns das nicht abfeuern.« Natürlich reagiert das Publikum mit Buhrufen, danach geht die Show weiter.

Als letzter Song steht wie gewohnt »Black Diamond« auf der Setlist. Die Band zieht das Ende in die Länge, Peter Criss' Schlagzeug erhebt sich in die Lüfte – und dann geht es los: Kiss zünden alle ihre Pyros auf einmal und brennen in 30 Sekunden ein veritables Großfeuerwerk ab. Paul Stanley, der alte Auf-die-Kacke-Hauer, proklamiert noch Jahre später auf Twitter: »Niemand kann Kiss aufhalten!« Nun darf man sich fragen, welche Konsequenzen das hatte. Denn so herrlich rebellisch dieser Akt auch wirkt, eine gute Idee war er vermutlich nicht. Von einer saftigen Geldstrafe konnte man lesen, aber auch von einem Auftrittsverbot in der Hansestadt oder zumindest in der Halle. Grundsätzlich wissen die Kiss-Chefs Paul Stanley und Gene Simmons natürlich um die Wichtigkeit von Sicherheitsbestimmungen, was sie in Interviews immer wieder zu Protokoll geben.

Aber haben Kiss wirklich Regeln gebrochen und sich »nicht aufhalten« lassen? Nicht ganz, wie es scheint. Andreas Adolph, der damalige technische Leiter der Stadthalle Bremen (heute ÖVB Arena), erinnert sich im Rahmen der Recherchen zu diesem Buch daran, dass die Pyrotechnik der Band allen Bestimmungen entsprach – bis auf eine einzige Vorrichtung, eine Art gasbetriebene »Flammenknallmaschine«. Weil dafür das entsprechende deutsche TÜV-Siegel fehlte, durfte dieser Effekt – und nur dieser! – nicht gezündet werden, alle anderen aber schon.

Für die übrigen Stationen der Tour galt diese Anordnung weiteren Quellen zufolge ebenfalls. Das bestätigt zum Beispiel die damalige Projektleitung der Westfalenhallen Dortmund, die das dortige Konzert am 27. März 1999 betreute. In Dortmund wurde der fragliche Effekt sogar probeweise abgefeuert und blies (gefühlt) fast das Hallendach weg. Klingt, als wäre das Ding nicht für Indoor-Einsätze geeignet gewesen. Es folgten Diskussionen mit der Produktionsleitung, die Band musste auch in der Westfalenhalle auf die »Flammenknallmaschine« verzichten, veränderte hier aber nichts am Rest des Konzerts und ihren Pyroeinsätzen. Nach Augenzeugenberichten und Presseartikeln galt für die gesamte Deutschlandtour: Es knallte im Laufe der gesamten Show an den richtigen Stellen. Nur in Bremen nicht.

An besagtem 12. März 1999 findet interessanterweise gleich nebenan in einem weiteren Teil der Stadthalle eine ganz anders gelagerte Musikveranstaltung statt: der deutsche Vorentscheid zum Eurovision Song Contest 1999. Es treten Schlagersternchen wie Corinna May, die Gruppe Wind und Patrick Lindner auf; die Rockpresse berichtet später von einer lustigen Durchmischung des Publikums auf den Parkplätzen. Das ebnet den Weg für eine amüsante, zumindest auf den ersten Blick nicht mal abwegige Theorie: Mussten die feuerspuckenden Rock-'n'-Roll-Helden womöglich auf großes Geknalle verzichten, damit ein paar Wände weiter eine TV-Übertragung mit leichter Muse nicht gestört wird?

Andreas Adolph widerspricht: »Viel zu weit weg!« Denn Kiss spielen damals in Halle 1 (»Die Stadthalle«), der ESC findet in Halle 6 statt. Dazwischen befinden sich gleich mehrere weitere Großräume mit Betonwänden sowie das Congress Centrum Bremen. Überhaupt habe es noch nie Beschwerden wegen Lärm aus einer Nachbarhalle gegeben.

Dass eine große Produktion wie Kiss sich einem »Ballerverbot« einer Fernsehshow gebeugt hätte, darf ebenfalls bezweifelt werden. Somit fällt der Schlager-Grand-Prix als Erklärung für das sonderbare Pyro-Timing in Bremen aus.

Warum die Verantwortlichen der Kiss-Produktion schlussendlich ihr (erlaubtes) Arsenal erst geballt zum Schluss zündeten, bleibt also vorerst im Dunkeln. Es sind einige gute Gründe denkbar; vielleicht gab es irgendwo ein Missverständnis, einen technischen Fehler oder eine strategische Überlegung. Zumindest aber haben unsere liebsten Schminkemonster sich an diesem 12. März 1999 nicht rebellisch gegen irgendwelche Regelungen aufgelehnt. Es lassen sich bei den Bremer Behörden auch keinerlei Aufzeichnungen zu Auftrittsverboten oder Geldstrafen für Kiss finden; einen Bann für die Stadthalle gab es nicht. Dass die Band tatsächlich seit 1999 nicht mehr an der Weser aufgetreten ist, dürfte eher Zufall sein, denn so oft kamen die Herren in den folgenden Dekaden gar nicht mehr nach Europa.

Das Zünden der restlichen Pyros zum Schluss war jedenfalls nicht verboten. Es hat allerdings die Dramaturgie der Show verändert – und ihre Wirkung reduziert. Doch Kiss wären nicht die unbestrittenen Großmeister der Inszenierung, wenn sie nicht auch das hätten cool aussehen lassen. *You wanted the best, you got the best* … und knallen muss es!

Black Sabbath in Ostfriesland

Am 17. April 1980 spielen Black Sabbath ihre erste Show mit Ronnie James Dio. In Los Angeles, New York, London, Tokio? Nein, in der norddeutschen Provinz.

Es war schon eine große Sache in der Welt der harten Musik, dass Black Sabbath zu Beginn der Achtziger mit einem neuen Sänger durchstarten wollten. Niemand Geringeres als Ronnie James Dio hatte die großen Rainbow nach dem Album *Long Live Rock 'n' Roll* (1978) verlassen und bei den Metal-Pionieren aus Birmingham angeheuert. Die hatten im Vorjahr ihren langjährigen Frontmann Ozzy Osbourne vor die Tür setzen müssen, weil er das wilde Leben ein bisschen zu wild gelebt hatte.

Mit Dio nehmen Black Sabbath das hervorragende *Heaven & Hell* auf, das am 25. April 1980 erscheinen soll. Dazu wird eine weitere Tour um die ganze Welt gebucht und natürlich richten sich die Augen und Ohren aller Krachmusikfans damals auf die Band mit der Frage: Wie wird das mit dem neuen Sänger klappen? Schließlich nähert sich der Tag der allerersten Show von Black Sabbath mit Ronnie James Dio. Und wo findet die statt? In der Stadthalle von Aurich in Ostfriesland.

Als Zentrum des Rock 'n' Roll war die von 40 000 Menschen bewohnte Kreisstadt im Norden bisher nicht in Erscheinung getreten, doch die Band will das neue Line-up erst mal abseits des Scheinwerferlichts der Medienmetropolen warmlaufen lassen. Deshalb finden auch die nächsten Gigs in Kleinstädten statt, die eher selten Weltstars begrüßen, nämlich in Oldenburg, Verl (Ortsteil Kaunitz), Fallingbostel und Rendsburg. Die Provinzmetaller unter uns können sich vorstellen, dass das mehr als eine willkommene Abwechslung von Musikzug und Feuerwehrkapelle bedeutet.

Der Start in Aurich scheint ein geiler Abend gewesen zu sein, denn eine örtliche Zeitung schreibt schöne Sätze wie »bei Sänger Ronny James blitzte ab und zu Talent auf«, »Gitarrist Tony Iommy [wurde] bei Jethro Tull mangels Fähigkeiten rausgeworfen« und »Bassist Geezer Butler und Drummer Bill Ward [erinnern] an eine Großbaustelle«. Unter der Überschrift »Rock-Reinfall des Jahres« liest man weiter von »ohrenbetäubendem Lärm« und einem »Getöse, bei dem wohl die Engel im Himmel ihr eigenes ›Hallelujah‹ nicht mehr verstehen konnten«.

Eine andere Zeitung fasst das Spektakel kurz als »Angriffe auf Gehörwege und Musikgeschmack« zusammen und kommt zu dem Fazit: »Gut, dass die Gruppe weitergezogen ist.« Das klingt nach der damals üblichen Ablehnung der Medien gegenüber diesem neumodischen Radau, allerdings soll die Show laut Berichten tatsächlich so derbe laut gewesen sein, dass nicht wenige Fans aus der Halle flüchteten.

Die erste größere Stadt steht erst eine Woche später am 24. April mit Wien auf dem Tourplan; nach einem Abstecher Richtung Landshut (26. April) geht es danach durch die großen Läden in Großbritannien und im Juni zurück nach Deutschland. Das scheinen damals die Hochburgen des Metal in Europa zu sein, denn in weitere europäische Länder fällt der Tross (abgesehen von einer Show in der Schweiz) nicht ein. Als die *Heaven-&-Hell*-Welttour am 2. Februar 1981 nach Auftritten in den USA, Japan und Australien im englischen St Austell in Cornwall endet, haben die neuen Black Sabbath sich als musikalische Macht etabliert. In Aurich bluten einige Ohren da womöglich immer noch …

Bei AC/DC und Deep Purple fliegen die Fäuste

Respekt vor berühmten Kollegen? Davon halten die Rotzlöffel von AC/DC nichts. Bei einem Festival in Australien kommt es deshalb zu Handgreiflichkeiten …

Mitte der Siebziger gehören Deep Purple zu den größten Rockbands der Erde. Deshalb werden die Engländer sogar ans andere Ende der Welt eingeladen, um den Headliner beim australischen Sunbury Pop Festival zu geben, das 30 Kilometer nordwestlich von Melbourne stattfindet. Zu diesem Zeitpunkt hat die Band gerade *Stormbringer* draußen, das zweite Album mit der neuen sogenannten Mark-3-Besetzung, also mit David Coverdale und Glenn Hughes.

Das Sunbury-Festival hat sich in der australischen Rockszene etabliert und läuft im Januar 1975 zum vierten Mal. Nur leider haben die Organisatoren diesmal Pech, vor allem mit dem Wetter. Es regnet pausenlos, unter anderem erscheinen deswegen nur 16 000 Fans – nur ein Drittel so viel wie in den vorherigen Jahren.

Am selben Tag spielt eine in ihrer Heimat halbwegs bekannte Band um zwei gitarrespielende Brüder in einer Kneipe: AC/DC. Ihr erstes Album, die australische Variante von *High Voltage*, lässt zu diesem Zeitpunkt noch gut drei Wochen auf sich warten und sie haben nicht mal einen festen Bassisten.

Aber sie erhalten einen Anruf mit der Bitte, auf dem Sunbury zu spielen, wie Angus Young später erzählt. Man befürchtet, dass Deep Purple womöglich nicht auftreten, was für großes Missfallen beim Publikum sorgen könnte. Ein zumindest einigermaßen beliebter Ersatz für den Fall des Falles muss her. Also lassen sich AC/DC zum Gelände fahren, zumindest so weit, wie der Fahrer den Matsch zu tolerieren gewillt ist, und schleppen ihre Ausrüstung dann eigenhändig zur Bühne – über anderthalb Meilen und durch die Menge hindurch. Als Aushilfsbassisten haben sie einen älteren Young-Bruder dabei: George Young, ehemaliger Star der Easybeats und zukünftiger Produzent der Band. Schließlich fahren ein paar Rolls-Royce vor: Deep Purple sind im Haus. Also kann das Festival nach Plan laufen, AC/DC sollen danach ran. Aber so einfach geht es nicht …

Wie und wann genau die Klopperei losgeht, scheint heute keiner mehr so richtig zu wissen. Angus jedenfalls behauptet, ein Crewmitglied von Deep Purple habe dem AC/DC-Manager eine reingehauen. Und weil weltreisende Straßenköter in Rock-'n'-Roll-Bands solche Dinge üblicherweise nicht ergebnisoffen ausdiskutieren, sondern unmittelbare physische Konfliktlösungsstrategien bevorzugen, gibt es, genau, aufs Maul. Wenig überraschend schmeißt sich AC/DC-Frontmann Bon Scott, der alte Radaugeselle, selbst ins Getümmel und nimmt nach Angus' Erinnerung einen Gegner in den Schwitzkasten. Der dreht sich im Kreis, um den nicht gerade groß gewachsenen Sänger abzuschütteln, aber Bon ruft nur: »Keine Sorge, Jungs, ich habe ihn!« Angus wiederum fordert die ersten Reihen auf, die Absperrung zu überklettern: »Wir brauchen ein bisschen Hilfe hier oben!« Irgendwann wird der »Meinungsaustausch« aber beendet, Deep Purple spielen ihr Set – und lassen danach das Equipment abbauen. Der Veranstalter beschwert sich, AC/DC beschweren sich und, schwupp, startet eine neue »Argumentationsrunde«. Die Deep-Purple-Musiker bekommen davon vermutlich nicht viel mit. Coverdale jedenfalls wird mit einer anderslautenden Erinnerung zitiert: »Anscheinend ist da eine junge australische Band auf die Bühne gesprungen, hat sich in unsere Amps eingestöpselt und losgespielt! Nach allem, was ich so gehört habe, brach deshalb die Hölle los. Unsere Roadies, allesamt ziemlich bullige Typen, kämpften mit der Band, damit sie unser Equipment in Ruhe lassen und von der Bühne verschwinden. Es folgten Chaos und ein lustiges Durcheinander.« Wer da jetzt angefangen hat und ob es wirklich zweimal Geklatsche ohne Applaus gab, scheint in den Jahrzehnten etwas unscharf geworden zu sein, aber fest steht: Die »junge australische Band« reist unverrichteter Dinge ab. Allerdings berichten am nächsten Tag die Zeitungen vom Kampf zwischen AC/DC und Deep Purple. Das stimmt zwar nicht so ganz, weil lediglich die Purple-Roadcrew beteiligt war, aber als gute Werbung und Bonus für die »Street Cred« taugt das allemal – der von AC/DC, wohlgemerkt.

Keith Richards zieht sich seinen Vater in die Nase

Rolling-Stones-Gitarrenheld Keith Richards hat nach eigenen Angaben jede Droge probiert, die jemals erfunden oder entdeckt wurde. Einmal zieht er sich allerdings eine so besondere Substanz durch die Nase, dass er mit dieser Erfahrung sicher allein auf der Welt ist – sollte die Geschichte denn stimmen …

In einem Interview mit dem *New Musical Express* erklärt Richards am 3. April 2007: »Das Merkwürdigste, was ich je durch die Nase zu ziehen versucht habe? Meinen Vater. Ich habe meinen Vater gesnifft. Er war eingeäschert worden und ich konnte nicht widerstehen, ihn mit ein bisschen Koks zu zermahlen.« Skrupel hatte er dabei nicht: »Meinem Dad wäre das scheißegal gewesen. Es ging ganz gut runter und ich bin immer noch am Leben.« Wie wir alle wissen, bringt Keith Richards so schnell ja auch nichts um. Allerdings hat sein Pressechef offenbar Sorge, dass diese Geschichte über die besonderen Bande des Musikers zu Vater Bert nicht gut ankommen könnte. Deshalb wird nur einen Tag später, am 4. April, umgehend dementiert. »Das war nicht ernst gemeint«, sagt Stones-Sprecher Bernard Doherty. »Er hat das nur so hingeworfen.« Und auch Richards selbst lässt kurz darauf verlauten, er habe nur »versucht zu sagen, wie nahe Bert und ich uns standen«.

Das Magazin aber bleibt bei seiner Darstellung. *NME*-Redakteur Mark Beaumont, der das Interview geführt hatte, erklärt, der Musiker habe in keiner Weise erkennen lassen, dass seine Antwort als Scherz gemeint war. Keiths Vater Herbert »Bert« Richards war im Jahr 2002 im Alter von 84 Jahren verstorben. »Zu der Zeit habe ich kein Kokain mehr konsumiert«, führt der Gitarrist an, quasi als Gegenbeweis.

Das klingt einleuchtend. Die Rockwelt geht deshalb davon aus, dass »Keef« tatsächlich nur einen schlechten Scherz gemacht hat. Es fällt schwer zu glauben, dass jemand sich wirklich menschliche Asche durch die Nase zieht. Doch dann dementiert Richards sein Dementi.

In einem Gespräch mit dem US-Fernsehsender CBS verkündet er im Oktober 2010: »Es stimmt. Ich habe meinen Vorfahren in mich aufgenommen. Es war allerdings ein Versehen.« Er wollte die Asche seines Vaters unter einer Eiche vergraben, die er gerade eingepflanzt hatte. »Aber als ich den Deckel der Urne abgenommen habe, ist feine Asche auf den Tisch gerieselt, so wie Puder. Und ehrlich gesagt konnte ich einfach nicht widerstehen. Ich habe ihn zusammengeschoben, einen Strohhalm genommen und dann: ›Mach's gut, Dad!‹ Ich habe eine kleine Linie von ihm geschnupft. Ja, das habe ich.« Den Rest habe er rund um die Eiche verteilt, die nun ganz wunderbar wachse.

Hat er also doch? Oder ist auch dieses Interview wieder nur Quatsch? Klären lässt sich die Frage wohl nie so ganz. Wahrscheinlich kennt nur Keith Richards selbst die Antwort – aber sicher ist nicht einmal das. Als Fakt gilt hingegen, dass Richards selbst nichts dagegen hätte, wenn seine Kinder ihn später einmal durch die Nase ziehen würden. Der britischen Zeitung *Mirror* sagte er nämlich, er habe seinen vier Töchtern die Erlaubnis dazu erteilt. »Ich werde ihnen einen Strohhalm geben.« Na dann: Mach's gut, Dad!

The Clash kloppen sich in Hamburg

Es ist nicht einfach mit den Punks: The Clash haben sich Ende der Siebziger viele Fans erspielt, doch als sie 1979 ihr drittes Album London Calling *(wie schon die beiden Vorgänger auch) bei einem Major-Label veröffentlichen und immer größer werden, schrillen bei der Szenepolizei irgendwann die Alarmglocken. Verrat am Punkrock wird den Briten vorgeworfen – ein Kapitalverbrechen. Mindestens.*

Beim ausverkauften Konzert in der legendären Hamburger Markthalle am 19. Mai 1980 (verlegt vom 12. Mai) finden sich auf jeden Fall nicht nur Fans ein, sondern auch, sagen wir, besorgte Mitmenschen in Lederjacken, die ihre tief empfundene Unzufriedenheit über die Unreinheit des neuesten Clash-Werks zur Diskussion stellen möchten.

Achim Karstens, damals junger Fan, heute Musikmanager, ist an dem Abend dabei und berichtet: »Es herrschte eine aufgeladene und aggressive Stimmung. Schon am Eingang wurde die Security überrannt, es fühlte sich an, als wären 500 Punks mehr in der Halle als überhaupt möglich. Die Lichter blieben jedenfalls die ganze Zeit an.« Das scheint im Hamburg jener Tage nichts Ungewöhnliches gewesen zu sein, wie zum Beispiel im Buch *Yesterday's Kids* von Tim Hackemack über die Punkszene zu lesen steht: »Damals war es auch ein Hobby von uns Hamburg-Punks, Konzerte zu stürmen und einfach mit so vielen Leuten wie möglich auf die Ordner zuzurennen. Meist haben die recht schnell Platz gemacht.« The Clash starten mit »Clash City Rockers« und »Brand New Cadillac« – und werden von Teilen des Publikums bespuckt und beworfen. »Nach dem fünften Song hat Strummer genug«, berichtet Karstens, »zieht einem der Punks seine Gitarre über den Schädel. Danach herrscht Stille. Erst 45 Minuten später geht es weiter.« Es gibt einen Bootleg von der Show, auf dem zu hören ist, wie Strummer während »I Fought The Law« ruft: »Ain't you ever seen blood? You don't even know what you're asking for!« Auch singt er eine Weile nicht, während um ihn herum der Song ein bisschen auseinanderfällt.

In einer Abhandlung über den 40. Geburtstag der Markthalle schreibt der NDR über die Situation: »Das Konzert steht kurz vor dem Abbruch, wird aber auf Anordnung der Polizei zu Ende gebracht, um weitere Ausschreitungen zu verhindern.« The Clash spielen deshalb noch elf Songs, die Stimmung dürfte allerdings nicht die beste gewesen sein. Mehr noch: Joe Strummer wird unmittelbar nach dem Auftritt verhaftet, aber ziemlich schnell wieder freigelassen. Was ein schöner Abend …

Die Anfänge von Guns N' Roses

Alle, wirklich alle starten ganz unten. Selbst zukünftige Mega-Rockstars wie Guns N' Roses müssen sich in den frühen Jahren mit allerlei Schwierigkeiten herumschlagen. Dies ist die Geschichte über die Anfänge, als die gefährlichste Band der Welt auf einer Universitätsparty spielte, per Anhalter zur ersten Tour reisen musste und einen Nachbarn zum Mit-Rockstar machte.

Anfangs geht es ja ein bisschen hin und her bei der zukünftigen Megaband. Vereinfacht gesagt kommen zwei Kapellen zusammen, L.A. Guns und Hollywood Rose. Der neue Name liegt auf der Hand: Guns N' Roses. Andere Optionen wie Heads Of Amazon und AIDS werden glücklicherweise aussortiert. Da sind unsere bekannten Helden, die später mit *Appetite For Destruction* eines der besten Rock-'n'-Roll-Alben aller Zeiten raushauen sollten, noch gar nicht alle am Start.

Zum Aufgebot gehören Sänger Axl Rose, die Gitarristen Tracii Guns und Izzy Stradlin, Bassist Ole Beich und Schlagzeuger Rob Gardner. Am 26. März 1985 spielt dieser Haufen ein erstes Konzert im Troubadour auf dem Sunset Strip. Kurz darauf wird Ole Beich, ein Däne, der sogar mal bei Mercyful Fate mitgemischt hatte, gefeuert. Für ihn kommt Duff McKagan, ein Punkrocker aus Seattle. Beichs weitere Geschichte endet tragisch: Er ertrinkt 1991 mit 36 Jahren in einem See in Kopenhagen.

Die neue Mannschaft spielt ein paar Shows in Kalifornien, doch als Tracii irgendwann nicht zu einigen Proben erscheint, zweifeln Axl und Izzy seine Hingabe an und ersetzen ihn durch ihren zeitweiligen Hollywood-Rose-Kollegen Saul Hudson, der nur Slash genannt wird. Der hatte zwar schon mal bei den sehr glamigen Glamrockern Poison vorgespielt, konnte sich mit der Musik und viel zu viel Make-up aber nicht so recht anfreunden.

Die erste Tour

Es ist der Sommer 1985, und Guns N' Roses wollen es wissen. Duff bucht für Anfang Juni eine Handvoll Konzerte an der Westküste bis hoch nach Seattle, alles kleine Shows, alles selbst organisiert, Punkrock eben. »Low Budget« wäre schön, aber dafür reicht es nicht. Deshalb: »No Budget«. Dass sie für die Reise von L.A. nach Seattle und zurück einschließlich Portland, Eugene, Sacramento und San Francisco über 3800 Kilometer abreißen müssen, stört die Jungs nicht. Die meisten von ihnen zumindest: Rob Gardner hält wenig davon und verlässt die Band.

Ein neuer Schlagzeuger wird schnell gefunden in Steven Adler, mit dem Slash schon bei einer Kapelle namens Road Crew gespielt und der auch zum letzten Aufgebot von Hollywood Rose gehört hatte. Damit steht am 4. Juni das klassische Line-up von Guns N' Roses: W. Axl Rose, Slash, Izzy Stradlin, Duff McKagan und Steven Adler. Zwei Tage später, am 6. Juni 1985, spielt dieses ikonische Quintett im Troubadour in West Hollywood zum ersten Mal einen Gig. Werbeslogan: »A Rock 'n' Roll Bash Where Everyone's Smashed«. Die zukünftigen Megastars eröffnen den Abend als erste von drei Bands.

Direkt im Anschluss geht es los auf große Fahrt. Wie genau die abläuft, scheint in Wirren und Wahnsinn der GNR-Geschichte verloren gegangen zu sein. Die Autobiografien von Slash und Duff jedenfalls widersprechen sich in Details, sonstige Quellen schildern noch ganz andere Zeitabläufe. Fest steht, dass die Band mit zwei Kumpels namens Danny und Joe loszieht, von denen einer ein Auto besitzt (Slash sagt Oldsmobile, Duff sagt Buick LeSabre). Das Gefährt muss nicht nur sieben Kerle transportieren, sondern auch einen Anhänger für das Equipment ziehen. Und so gibt die Karre nach weniger als 200 Kilometer auf der Interstate 5 den Geist auf. Doch die Regel Nummer eins im Reise-Rock-'n'-Roll lautet: »Get to the gig.« Also greifen sich die Musiker nur die Gitarren – und halten ihre Daumen raus. Ja, die großen Guns N' Roses starten ihre erste Tour als Anhalter. Ihre Kumpels sollen sich derweil um die Reparatur des Fahrzeugs kümmern und später wieder dazustoßen.

Die nächste Show soll am 8. Juni, einem Samstag, in Seattle zusammen mit Duffs ehemaliger Band The Fastbacks stattfinden, zumindest laut alter Flyer und diverser Listen mit frühen Tourdaten der Truppe. Duff schreibt in seinem Buch *It's So Easy (And Other Lies)* allerdings, dass die wilden Fünf an diesem 8. Juni erst aufgebrachen. Geschenkt, denn so oder so liegen noch weit über 1500 Kilometer vor den fünf Langhaarigen in Lederklamotten. So wie sie aussehen, will sie natürlich niemand mitnehmen. Es dauert Stunden, bis sie zunächst von einem Speed schluckenden Trucker, dann von einem Farmer mit Uralt-Van und schließlich von zwei Hippiemädels auf Acid aufgesammelt werden. Weil keiner Geld dabeihat, füllen die Musiker ihre Mägen mit Karotten und Zwiebeln von Feldern neben der Straße. Aber irgendwann kommen sie an und spielen schließlich in Seattle mit geliehenen Verstärkern und Drums ihre erste Show außerhalb von Los Angeles. Ein großer Erfolg – allerdings sind kaum Leute gekommen, zwei, drei Dutzend vielleicht.

Zu allem Unglück will der Veranstalter nicht bezahlen und muss »überredet« werden. Duff und Axl versuchen sogar, den Laden abzufackeln, und zünden einen Mülleimer an. Glücklicherweise können sie die Rockerei besser als Brandstiftung. Die beste Anekdote, die Duff sogar in seinen Erinnerungen bestätigt: Guns N' Roses ziehen nachts noch weiter in einen anderen Laden und wollen dort mit dem Equipment einer lokalen Kapelle spielen, die der Bassist aus seiner Zeit in Seattle kennt. Doch die anderen Musiker geben ihre Sachen nicht aus der Hand. Der Name der Band: Soundgarden.

Danny und Joe vermelden derweil, dass das Fahrzeug nicht zu retten ist und sie mit den Instrumenten nach L.A. zurückkehren müssen. Spätestens damit fällt der Rest der geplanten Konzerte aus. (Sollte Duffs Zeitrechnung stimmen und die Band erst am 12. in Seattle aufgetreten sein, dann sind die anderen Termine schon vorher, also während der Anhalterfahrt, verstrichen. So oder so: Von der Minitour bleibt nur ein Konzert übrig.)

Doch wie sollen unsere Helden zurück nach Hollywood kommen? Glücklicherweise erklärt sich eine Kumpeline von Duff aus der Punkszene Seattles bereit, die Jungs bis nach Los Angeles zurückzufahren, was natürlich auch wieder ewig dauert. Die fünf Musiker fühlen sich wie Sieger, als sie zurückkehren: Sie haben es durchgezogen und wissen, dass sie sich von nichts stoppen lassen.

Guns N' Roses sind auf dieser »Hell Tour« zu einer Gang zusammengewachsen. Oder wie Duff es ausdrückt: »Dieser Trip hat gezeigt, zu was wir fähig sind und was wir auf uns nehmen können und werden, um unsere Ziele als Band zu erreichen.« Und die erreichen sie bekanntermaßen auch, und wie.

Der Uni-Gig

Bis dahin dauert es allerdings noch ein Weilchen. Die Jungs treiben sich zunächst vor allem in den Clubs von Hollywood herum und treten in Läden wie dem Stardust Ballroom, Madame Wong's East oder dem Troubadour auf. Mitunter müssen sogar Spritgeld und Bier als Bezahlung reichen – wer in einer Band spielt, kennt das.

Die Sause, um die es hier geht, steigt am 21. Juli 1985 bei einer sogenannten »frat party«, bei einer der Studentenverbindungen (»fraternity«) der Universität von Los Angeles, der UCLA. Es gibt in der Unterkunft keine Bühne, die Instrumente stehen im Halbkreis, die Leute direkt davor. Eine PA fehlt wohl auch, vermutlich hat Axl nur eine kleine Gesangsanlage, also drehen die Gitarristen einfach ihre Verstärker ordentlich auf, um nicht gegen das Schlagzeug abzustinken. Ein lauter Spaß für alle und offensichtlich werden auch gebraute Erfrischungen gereicht. Fangfrisches Pils und Rock 'n' Roll? Das kann man schon machen. Und an einem kalifornischen Nachmittag oder frühen Abend auch schön mit offenen Fenstern, wie die veröffentlichten Fotos zeigen.

Die Guns N' Roses, die wir später kennenlernen, stecken schon drin in dem zerlumpten Quintett, das auf den Tag genau zwei Jahre später ein Debütalbum raushauen wird, dem die Welt längst und zur Recht ein Denkmal gesetzt hat. Zwei der Burschen zählen gerade mal 20 Jahre, älter als 23 ist keiner. Aber sie sehen wie Rockstars aus. Slash hat einen Hut auf dem Kopf, wenngleich keinen Zylinder, Axl mit seinen aufgeplusterten Haaren trägt eine Leopardenweste und eine – arschfreie! – Lederhose. Alles stilsicher der Ära angemessen.

Und die Jungs spielen bereits mindestens ein Lied, das in unserem Musikuniversum mittlerweile und völlig berechtigt den Status eines kollektiven Heiligtums innehat: »Welcome To The Jungle«. Daneben stehen auf den kursierenden Setlisten bereits spätere Klassiker wie »Think About You«, »Back Off Bitch« und »Don't Cry«, daneben Coverversionen, die Guns-N'-Roses-Fans bekannt vorkommen dürften, etwa »Nice Boys« (von Rose Tattoo) und »Heartbreak Hotel« (ein Elvis-Klassiker).

Die Guns N' Roses, die kurz darauf den Rockplaneten in Brand setzen, wachsen da gerade zu einer Band mit einer bemerkenswerten Chemie zusammen – und schreiben in der Folge die großen Lieder ihrer Frühzeit, etwa »Sweet Child O' Mine« oder »Paradise City«. Genau da liegt die Erklärung dafür, dass wir alle zwar die gleiche Art von Partys gespielt haben wie Guns N' Roses, aber uns danach weniger mit Ruhm und Reichtum rumschlagen mussten. An Axls Popobacken hat es dann wohl doch nicht gelegen.

Der sechste Mann

Klar, die genialen Songs waren der Hauptgrund für den späteren Erfolg. Aber ein bisschen haben vielleicht auch die richtigen Bekanntschaften eine Rolle gespielt. Während dieser frühen Jahre freundet sich Bassist Duff McKagan mit einem Typen aus der Wohnung nebenan an.

1981 ist West Arkeen 21 Jahre alt. Er hat schon in der Ölindustrie in Texas und als Spielautomatenmechaniker in Las Vegas gearbeitet.

Aber eigentlich will er, wie es sich gehört, Rockstar werden. Als 14-Jähriger hatte er mit dem Gitarrespielen begonnen, jetzt zieht er nach Los Angeles, in die gelobte Stadt des Rock 'n' Roll. Dort kommt er allerdings nicht so recht voran, lernt aber über seinen Nachbarn Duff dessen ziemlich wilde Band kennen – eben Guns N' Roses. Arkeen und die Musiker hängen zusammen ab, feiern wüste Partys und schreiben auch Songs, darunter ein Stück namens »It's So Easy«. West bringt dem Bassisten der Band bei, wie offene Stimmung auf der Gitarre funktioniert. Sonst passiert erst mal nicht viel. West Arkeen krebst herum, aber immerhin bekommen seine Kumpels einen Plattenvertrag und bringen ihr Debüt raus.

Und dann explodiert alles: Das Debüt heißt *Appetite For Destruction*, der gemeinsam geschriebene Song »It's So Easy« wird daraus als erste Single ausgekoppelt. *Appetite* geht weltweit durch die Decke und »It's So Easy« steht auf jeder Setlist, heute noch. Man darf annehmen, dass West Arkeen allein an dieser Nummer ordentlich Geld verdient. Nette Sache, man weiß halt nie, was mit einem Song passiert, den man in irgendeinem Keller zusammengelärmt hat.

Auf den beiden *Use-Your-Illusion*-Alben, die 1991 zum Größten gehören, was in der Welt der Krachmusik passiert, schreibt West ebenfalls bei ein paar Tracks mit. Sie heißen »Bad Obsession«, »The Garden« und »Yesterdays«; die beiden letztgenannten werden wieder als Singles ausgewählt. Da sind Guns N' Roses schon eine dicke Nummer, die üppige Schecks abwirft, doch die Verbindung zu ihrem alten Kumpel bleibt innig. Deshalb wird West Arkeen damals gelegentlich der »sechste Mann bei Guns N' Roses« genannt. Dank guter Nachbarschaft wird aus ihm also gewissermaßen ein »Mit-Rockstar«.

Die kreativen Erfolge sprechen sich rum: Arkeen schreibt später auch Songs für andere Kapellen, und als Gunners-Bassist Duff McKagan 1993 sein Soloalbum *Believe In Me* auf den Markt bringt, finden sich auch darauf zwei mit seinem Kumpel verfasste Lieder. Zusammen mit Duff und den Gitarristen Izzy Stradlin und Slash spielt West außerdem in der Spaßcombo The Drunkfux. Seine eigene Band The Outpatience kriegt er aber nicht nach vorne, obwohl 1996 auf der einzigen Platte *Anxious Disease* fast die komplette Guns-N'-Roses-Mannschaft mitmischt. Die Zeiten für Hardrock, der sich aus den Siebzigern und Achtzigern speist, sind da leider gerade vorbei.

Und dann wird's tragisch: Während die Jungs von Guns N' Roses ihren wahnsinnigen Drogenkonsum in den Griff kriegen, hängt ihr Kumpel West weiter an der Nadel. Als dann 1997 sein Grill in der Wohnung explodiert (jawohl, Indoor-Barbecue!) und er sich massive Verbrennungen zuzieht, müssen Schmerzmittel her. Und mit denen kennt er sich aus …

Am 30. Mai 1997 wird Aaron West Arkeen tot in seinem Haus in Los Angeles aufgefunden, knapp drei Wochen vor seinem 37. Geburtstag. Auf dem Totenschein steht: »Versehentliche Überdosis«. Gitarrist Slash sagt später: »Er stand immer bereit, wenn einer von uns irgendwas brauchte. Eine lange Zeit war er tatsächlich der Einzige, dem wir vertrauen konnten.«

2

EXZESSE

Keine gute Anekdote fängt damit an, dass jemand Kräutertee trinkt und früh ins Bett geht

»Beer drinkers and hell raisers«

Wie ein junger Däne namens Lars im Booklet einer Motörhead-Platte landet

Wo gerockt wird, da wird traditionell auch gefeiert und ein paar Leute haben es richtig krachen lassen. Ganz vorne mit dabei: die Rock-'n'-Roll-Institution Motörhead um den lange unverwüstlichen Lemmy Kilmister. Da können Fans manchmal nicht mithalten, wie auch ein Fan namens Lars erfahren musste.

Lars ist spätestens seit dem Doublebass-Intro von »Overkill« 1979 großer Motörhead-Fan, reist sogar als pickliger 16-Jähriger dem Tourbus hinterher und sitzt später mit piependen Ohren im Proberaum in London, als die Band am Klassiker *Iron Fist* arbeitet.

Dieser Lars stammt eigentlich aus Gentofte, einer Kleinstadt in der Nähe von Kopenhagen, wohnt aber seit Sommer 1980 mit seinen Eltern in Newport Beach in der Nähe von Los Angeles. Dort soll er zum professionellen Tennisspieler werden wie sein Vater Torben auch. Doch der Sport verliert schnell an Faszination, laute Musik wird wichtiger.

Im Juni 1982 treten Motörhead dann im Palladium in Hollywood auf, eine große Sache für die Fans des harten Stoffs. Damals spielt unser junger Fan mit seinem Kumpel Ron McGovney in einer Band, zusammen fahren sie zum Beverly Sunset Hotel, um Lemmy und seine Gang zu treffen. Unterwegs braucht Lars »Nervennahrung«, aber nicht nur ein paar Bier, sondern gleich Wodka. Den bekommen sie mit Rons gefälschtem Ausweis. Vor dem Hotel steht tatsächlich der Tourbus und dann tritt ihr Idol selbst aus der Lobby nach draußen: Lemmy! »Lars ging mit der Wodkaflasche in der Hand auf ihn zu und sagte: ›Hey, big man!‹«, soll Ron später zu Protokoll gegeben haben. »Ich fand es bemerkenswert, dass Lars ihn tatsächlich kannte. Lemmy antwortete: ›Hey Lars, wer ist dein Kumpel?‹ »Das ist Ron, der Bassist in meiner Band Metallica.« Natürlich handelt es sich bei dem jungen Dänen um

Lars Ulrich, Gründer und Schlagzeuger der heute größten Metal-Band des Planeten. Damals allerdings lärmen Metallica noch im tiefsten Untergrund herum, wo ihre selbst aufgenommenen Demos zunehmend für Furore sorgen und weltweit verbreitet werden.

An diesem Nachmittag in Los Angeles hilft Ron dann noch im Tausch gegen ein paar Gratisshirts, einige Taschen ins Hotel zu schleppen, anschließend hängen alle in Lemmys Zimmer ab – also Lemmy mit den beiden Jungspunden und wer sonst noch zur Entourage gehört. Dort kippt Lars sich weiter einen Wodka nach dem anderen rein, sodass sogar der Chef ihm rät, mal langsam zu machen. Aber der Kollege gibt weiter Gas, denn wir alle wissen: Je näher man dem Punkt kommt, an dem man nicht mehr weitersaufen sollte, desto schneller geht's …

Es passiert, was passieren muss: Lars schläft ein, am helllichten Tag, sternhagelvoll. Ron und Lemmy gehen dann zu einem Liquor Store um die Ecke und zocken Videospiele. Als sie zurückkommen, hat Lars sich schön nach allen Regeln der Kunst vollgekotzt. Das passiert den Besten von uns, aber in diesem Fall wird das Debakel dokumentiert, irgendjemand schießt ein Foto. Ron muss seinen Kumpel dann mitnehmen und schafft es sogar, ihn halbwegs auszunüchtern für die Show am Abend.

Vier Jahre später veröffentlichen Motörhead ihr siebtes Album *Orgasmatron*. Dank des Jahrhundertwerks *Master Of Puppets* sind Lars und seine Band Metallica da bereits auf dem Weg nach ganz oben. Im Booklet von *Orgasmatron* findet sich eine Collage aus Schwarz-Weiß-Fotos; auf einem der Bilder sieht man eine Person, die von einem Bett, Tisch oder Sofa heruntergerutscht ist, jeansbekleideter Hintern und weiße Turnschuhe in der Luft, Oberkörper und Kopf bleiben verdeckt – unser Lars.

Nun klingt diese Geschichte vielleicht ein bisschen zu wild und legendär, um wirklich wahr zu sein, zumal Lars Ulrich auf dem Bild ja nicht zu erkennen ist. Doch der bestätigt sie 2014, als er mit Metallica-Sänger James Hetfield in einer Sendung namens *The Late Late Show with Craig Ferguson* sitzt: »Lemmy kam in die Stadt, und das war das Größte in unserer Welt. Vor seinem Hotel habe ich aus lauter Nervosität ein paar Wodka gekippt, bin dann reingegangen und ein paar Stunden später aufgewacht. Dazwischen hat man mich fotografiert, und das kam dann in das nächste Motörhead-Album.« Sogar Lemmy höchstselbst erinnert sich an die Geschichte in einem Videointerview: »Lars versuchte, Drink für Drink mit uns mitzuhalten – eine ganz dumme Idee, wenn man gerade 14 ist oder so. Er hat sich dann fast schon elegant über sein Shirt erbrochen.« Was lernen wir daraus? Bei Lemmy und Motörhead mitsaufen geht schief. Immer. Die Brüder haben einfach mehr Übung.

Ausschweifung und Ameisen: Ozzy tourt mit Mötley Crüe

> *Ozzy Osbourne und Mötley Crüe zusammen auf Tour: Das kann nicht gut gehen. Der »Madman« und die Chaoten aus L. A. überbieten sich an Dekadenz und Ausschweifung. Und ja, auf diesem Trip passiert auch die Sache mit den Ameisen …*

Zu Beginn des Jahres 1984 ist Ozzys drittes Soloalbum *Bark At The Moon* gerade mal ein paar Wochen alt. Nach dem Tod seines Wundergitarristen Randy Rhoads und einer Phase der Selbstfindung (und Selbstbetäubung) gehört der Sänger mit neuem Saitenvirtuosen Jake E. Lee an seiner Seite mittlerweile wieder zur Spitze im Hardrock. Bei Mötley Crüe stehen damals nach der Veröffentlichung von *Shout At The Devil* (1983) die Zeichen zwar auf Sturm, aber bis zur Weltherrschaft fehlt noch ein Stück. Immerhin hinterlassen sie einen guten Eindruck bei Ozzy und seiner Frau und Managerin Sharon Osbourne. Die beiden laden die Band ein, die US-Konzerte der Tour zu *Bark At The Moon* zu eröffnen, was Mötley Crüe zum ersten Mal die Möglichkeit gibt, in den ganz großen Hallen aufzutreten. Für eine junge Band ist das natürlich »der verfickte Himmel«, wie Tommy Lee es in seinem Buch *Tommyland* gewohnt poetisch beschreibt. Ausdrücklich bedankt sich der Schlagzeuger: »Ich stehe auf ewig in ihrer Schuld.« Mötley mögen zu diesem Zeitpunkt noch nicht die großen Stars sein, doch in Sachen Wein, Weib und Gesang stehen sie schon ziemlich weit vorne. Deutlicher formuliert: Drogen, Sex und Zerstörung gehören bereits zum Tagesgeschäft. Wie sich allerdings rausstellen sollte, fällt das im Vergleich zu Ozzy alles unter »Amateurkram«, denn während der Achtziger macht niemand, wirklich niemand, dem »Madman« in Sachen Dekadenz etwas vor. Das wissen Mötley Crüe allerdings noch nicht. Die Kalifornier halten sich damals für die bösesten Kerle weit und breit, die es so wild treiben wie sonst niemand, aber immer unbehelligt damit durchkommen. Doch in der berüchtigten Bandbiografie *The Dirt* von 2001 schreibt Bassist Nikki Sixx nur: »Aber dann trafen wir Ozzy.« Die erste gemeinsame Show findet am 10. Januar 1984 in Portland, Maine, statt und von Anfang verstehen sich Headliner und Support blendend. Ozzy nimmt die Jungspunde unter seine Fittiche und sorgt dafür, dass sie sich wohl dabei fühlen, allabendlich vor 20 000 Leuten zu spielen. Sixx mutmaßt sogar, ohne diese Tour wären Mötley Crüe eine von vielen typischen L.-A.-Bands geblieben: mit Potenzial, aber nie durchgestartet.

Nikki erzählt weiter, dass Ozzy kaum einen Abend in seinem eigenen Tourbus verbringt, in dem gelegentlich auch seine erst wenige Monate alte Tochter Aimee samt Mutter Sharon mitreist. Stattdessen hängt Herr Osbourne lieber bei der Crüe rum, um mit ihnen nächtelang durch intensives Tischriechen ein ungesundes südamerikanisches Exportprodukt aus der Welt zu schaffen. Dabei will jede Partei die krasseste sein: auf der einen Seite die vier Wilden aus Los Angeles, auf der anderen Seite der »Madman« aus England, der es schon zu Zeiten von Black Sabbath hat krachen lassen wie kein Zweiter (und daran fast zugrunde gegangen wäre). In seiner Autobiografie *I Am Ozzy*

(2010) erinnert sich der Sänger an seine Befürchtung, die Tour würde jemanden das Leben kosten. Mötley-Manager Doc McGhee sieht sogar richtig schwarz und mutmaßt, dass sie »alle draufgehen« werden. Das Problem seien Mötley Crüe gewesen, schreibt Osbourne weiter. Denn deren Verrücktheit habe ihn dazu anstachelt, jeden Irrsinn noch übertreffen zu wollen – was wiederum die Crüe als Herausforderung begriffen. Die Konsequenz: Action jeden Tag, rund um die Uhr. Die Konzerte beschreibt Ozzy dabei als den »leichtesten Teil«, die Schwierigkeit sei gewesen, die sonstige Zeit heil zu überstehen.

Einmal wacht Ozzy nach einer Tankladung voll Sake auf dem Mittelstreifen einer zwölfspurigen Autobahn auf. Er kann sich retten und muss mal, also pinkelt er gegen ein Auto – das sich prompt als ziviles Polizeifahrzeug entpuppt. So geht es weiter. (An dieser Stelle seien als kurzweilige Lektüre der Kategorie »Nicht zu Hause ausprobieren« ausdrücklich die entsprechenden Kapitel von *The Dirt* und *I Am Ozzy* empfohlen).

Hier ein kleiner Überblick über die weiteren »Erfolge«. In Memphis klauen Ozzy und Crüe-Sänger Vince Neil ein Auto und fahren es zu Schrott, in New Orleans gerät die Reisegruppe in eine Messerstecherei und in Nashville macht Ozzy eine ganz besondere Sauerei in der Toilette von Tommys Lees Hotelzimmer, die hier nicht genauer beschrieben werden soll. Ein Wahnsinn. Laut Nikki Sixx tut das alles Ozzy in lichten Momenten immer wieder leid, die Mötley-Jungs selbst sind von solchen unvermeidlichen Einsichten allerdings noch ein paar Jahre entfernt (was darin gipfelt, dass Sixx an Weihnachten 1987 nach einer Überdosis für zwei Minuten klinisch tot ist).

Einen fast schon traurigen Höhepunkt erreicht das Ganze in Lakeland, Florida, als die Tour bereits seit über einem Monat durch Nordamerika marodiert: Die Musiker fallen am Mittag des 23. Februar aus dem Bus und stolpern ins Hotel, wo sie sich ohne Umschweife zur Bar begeben.

Sixx beschreibt in *The Dirt* anschaulich, wie Ozzy sich sodann seine Hose auszieht und einen Dollar in die Arschritze steckt, den er anschließend allen Anwesenden anbietet. Als eine ältere Dame ihn ausschimpft, greift er ihre Tasche und läuft davon. Später taucht der Sänger dann am Pool auf – und trägt das Kleid der Frau, das er in ihren Sachen gefunden hat. Und dann passiert es: Der drogensüchtige Ozzy braucht Nachschub, aber es gibt kein weißes Pulver mehr. Trotzdem lässt er sich von Nikki einen Strohhalm reichen. Mit dem geht er zu einem Riss im Betonboden, aus dem sich eine Ameisenstraße schlängelt. Nikki denkt sich noch »Das wird er nicht tun« – als Ozzy genau das tut: Er zieht sich die Ameisen wie eine Linie Koks in die Nase.

Diese Anekdote zählt zu den legendärsten Legenden des Heavy Metal, rekapituliert in unzähligen Magazinbeiträgen, Tresengesprächen und Ozzy-Biografien, im Detail nacherzählt in der Buch- und Filmversion von *The Dirt*. Ozzy selbst gibt sich zumindest in seinem Buch diplomatisch: Ozzy selbst gibt sich zumindest in seinem Buch diplomatisch: Er wisse nicht, ob die Storys über die Tour stimmen oder nicht. Zur Sache mit der Ameisenstraße schreibt er nur: »Keine Ahnung. Möglich ist es.« Einer erinnert sich Dekaden später allerdings anders: Gitarrist Jake E. Lee. Der lag nämlich an diesem Vormittag ebenfalls am Pool. »Ozzy hat eine kleine Spinne reingesogen!«, erklärt Lee 2019 in einem Interview. »Da gab es keine verdammte Ameisenstraße. Tommy behauptet es, Nikki behauptet es, Ozzy behauptet es – aber die waren alle zugedröhnt. Ich nicht. Ich wollte nur ein bisschen in der Sonne bräunen, mehr nicht. Da waren keine Ameisen.« Also eine Spinne statt mehrerer Krabbelinsekten? Viel besser ist das auch nicht …

Vor allem endet der Wahnsinn damit nicht. Agent Doppel-O rafft laut der Schilderung in *The Dirt* das Kleid, pinkelt vor aller Augen los, kniet nieder und leckt die Plörre auf. Sein Kommentar: »Mach mir das erst mal nach, Sixx!« Der kann das natürlich nicht auf sich sitzen lassen, begibt sich – wenngleich widerstrebend – ebenfalls ans »Werk« und denkt sich: »Na ja, es kommt ja aus meinem Körper …«

Doch Ozzy legt noch einen drauf – und hilft mit. Woah! Mötley Crüe müssen einsehen, dass sie bei aller Verdorbenheit nicht mithalten können, dass es jemanden gibt, der – was auch immer sie gerade anstellen – noch krasser und ekliger drauf ist als sie.

Kein Wunder also, dass Ozzys Frau Sharon wieder zur Tour stößt, um kraft ihrer natürlichen Autorität für Ordnung zu sorgen. Eine gute Idee, denn Ozzy geht fortan früh ins Bett, hält seine Nase sauber und Händchen mit der Gemahlin. Wenn die allerdings für eine Weile abreist, lässt der Sänger das dünne Mäntelchen der Zivilisation sofort wieder fahren und haut auf die Sahne, dass es nur so eine Art hat. Als unbestrittene Chefin der ganzen Operation verfügt Lady Osbourne auch, dass die Supportbands sich ebenfalls zurückhalten mögen. Sie habe seiner Band »überhaupt keinen Spaß« erlaubt, findet Nikki. Mötley lassen sogar Shirts drucken mit der Aufschrift: »No Fun Tour: '83–'84«. Der Mötley-Crüe-Bassist erzählt, dass er Mama Sharon sogar um Erlaubnis bitten musste, auf den Shows »Damenbekanntschaften« machen zu dürfen.

Das Drama auf diesem Kriegszug beschränkt sich nicht mal auf Feierei: Der damalige Ozzy-Drummer Carmine Appice gilt in der Rockszene selbst als Star und will deshalb eigene Shirts verkaufen. Sharon und Ozzy erlauben es ihm sogar. Allerdings muss der Mann irgendwann feststellen, dass aus jedem seiner Shirts sein Gesicht fein säuberlich rausgeschnitten wurde. Am 3. März 1984, knapp zwei Wochen nach dem »Ameisenvorfall«, übernimmt Tommy Aldridge das Schlagzeug.

Mit einigen Unterbrechungen sind Ozzy und Mötley Crüe allein in den USA an die drei Monate zusammen unterwegs. Bei der letzten Show überschüttet Ozzys Band die Vorgruppe mit Mehl und Senf, wie in *Tommyland* zu lesen steht. Die Crüe-Musiker revanchieren sich, indem sie in Mönchsroben auf der Bühne auftauchen, diese dann ablegen und mit »blanken Waffen« zwischen den Musikern herumlaufen. Es mag nur die Hälfte der Geschichten über diese Tour stimmen, aber ein Kern an Wahrheit reicht hier schon. Die Achtziger haben ihren Ruf sicher nicht aus Versehen bekommen …

Slash und Duff werden zensiert

Guns N' Roses gelten 1990 als das heißeste Eisen im Rock 'n' Roll, als authentische Antithese zum glattgelutschten Hair Metal der Achtziger, denn die fünf Typen leben tatsächlich das wilde Leben. Im US-Fernsehen darf man zu der Zeit nicht mal »Pipikackearsch« sagen, noch weniger als heute. Und dann stehen die American Music Awards an …

Bei der Preisverleihung am 22. Januar 1990 gewinnen Guns N' Roses in der Kategorie »Favorite Heavy Metal Album«. Das überrascht die anwesenden Duff McKagan und Slash offensichtlich. Sie gehen auf die Bühne, mit Drink in der Hand, versteht sich, und wissen nicht so recht, was sie sagen sollen. Slash beugt sich zum Mikro: »Wir dachten, wir kommen einfach zur Show und gucken uns den ganzen Scheiß mal an …« Huch, da war ja ein »böses« Wort! Duff kann gerade noch »Trinkt einen auf uns! Danke!« rufen, bevor nach nur 22 Sekunden das Mikro abgeschaltet und die Pausenmusik eingeblendet wird.

Lustigerweise gewinnen Guns N' Roses dann auch noch »Favorite Heavy Metal Artist«. Und wieder stiefeln die beiden Kollegen bestens gelaunt und mit leichtem Seegang aufs Podium. Und jetzt will Slash es wissen: »Hier sind noch ein paar Sachen, die ich eben nicht sagen konnte. Wir danken fuckin'… oops!« Viel weiter kommen die beiden »happy drunks« nicht, diesmal fällt schon nach 16 Sekunden die Klappe.

Bei der Pressekonferenz faseln die Spezialisten dann vor mehreren Dutzend Kameras genauso lustig-bescheuerten Unsinn: über Integrität, darüber, dass sie »eine Band sind, Mann!«, und über die Rap-Platten, die sie gerne hören. Slash macht sogar zur Erklärung so gut es geht ein paar Tanzbewegungen.

Alles in allem wird die Veranstaltung damit ein herrlicher Unfall, letztendlich harmlos, aber wunderbar respektfrei, beknackt und, ja doch: Rock 'n' Roll eben. Die Regie dürfte jedenfalls hektische Flecken bekommen haben.

Keith Moon wird ohnmächtig – und ein Fantraum wird wahr

Am 20. November 1973 wird für einen Fan von The Who ein Traum wahr: Der 19-jährige Scott Halpin darf bei seinen Helden mitspielen. Genau genommen muss er sogar …

Die britischen Rocker starten an diesem Abend gerade ihre Tour zum Erfolgsalbum *Quadrophenia*. Als Vorgruppe sind Lynyrd Skynyrd dabei, der Cow Palace im kalifornischen Daly City ist pickepackevoll. Doch Keith Moon schafft es nicht bis zum Ende des Sets: Während des Klassikers »Won't Get Fooled Again« liegt er plötzlich ohnmächtig auf seinem Drumkit und muss von Roadies in die Garderobe getragen werden. Nach einer kalten Dusche und einer Kortisonspritze kehrt er zurück, doch schon im nächsten Stück »Magic Bus« gehen wieder die Lichter aus. Später gibt Moon »Jetlag« als Grund an, allerdings glaubt das angesichts seines legendär ungesunden Lebenswandels kein Mensch. Vermutlich dürfte die Kombination aus Brandy und Beruhigungsmitteln (angeblich sogar für Pferde!) eine Rolle gespielt haben …

Die Band allerdings steht blöd da und versucht sich zunächst an dem Lied »See Me, Feel Me«, das größtenteils ohne Drums auskommt, doch das nützt schlussendlich wenig. Gitarrist Pete Townshend fragt deshalb ins Publikum: »Kann hier jemand Schlagzeug spielen?« Jetzt schlägt die Stunde von Scott Halpin: Zunächst hält sich der junge Mann zurück, doch sein Kumpel macht einem Securitymann eindringlich klar, dass Halpin es draufhat. Also wird der auf die Bühne gebeten und auf den Schlagzeughocker gesetzt.

Nach einem Brandy zur Stärkung geht's los: Zunächst schmettern The Who mit ihrem Fan vor Tausenden im Auditorium zwei Bluesklassiker, nämlich »Smokestack Lightnin'« (Howlin' Wolf) und »Spoonful« (Willie Dixon), dann versuchen sie sich an ihrem eigenen Song »Naked Eye«. Im Anschluss darf Scott sich zusammen mit Townshend, Roger Daltrey und John Entwistle verbeugen und die Band in die Backstageräume begleiten. Dort schenken sie ihm eine Tourjacke, und Roger Daltrey verspricht zwischen zwei Whiskeys, einen Scheck über 1000 Dollar zu schicken, der aber nie ankommt. Später kann sich der 19-Jährige an seinen Einsatz kaum noch erinnern: »Das ging alles so schnell. Ich konnte nur daran denken, keinen Mist zu spielen.«

Aerosmith treten für kiffende Fans ein

Im Oktober 1978 sind Aerosmith auf USA-Tour zu ihrem Album Live! Bootleg, *einem gerade veröffentlichten Konzertmitschnitt. Sie spielen 40 Shows in großen Arenen, im Vorprogramm mischen unter anderem Golden Earring, Van Halen und AC/DC mit. Der berüchtigte Drogenkonsum der Headliner hat hier schon besorgniserregende Ausmaße erreicht, Berichten zufolge klingen die Gigs nicht selten schluderig. Doch die Anhänger strömen zu Tausenden in die Hallen und sie wissen ebenfalls zu feiern. Das allerdings kommt bei den offiziellen Stellen nicht so gut an.*

Als Aerosmith nämlich am 3. Oktober 1978 in Fort Wayne, Indiana, gastieren, werden etliche Fans verhaftet, weil sie während der Show kiffen. Auch Alkohol bei Minderjährigen und Rauchen im Rauchverbot sorgen für Ärger. Das Auftauchen der Polizei gefällt Sänger

Steven Tyler wiederum gar nicht. Als dann auch noch seine Garderobendame festgenommen wird, weil sie sich auf der Bühne eine Zigarette anzündet, platzt dem Sänger der Kragen. Er beschimpft die Cops lautstark von der Bühne und soll sich dabei der Vokabeln »Abschaum« und »Gestapo« bedient haben. Dafür wird ihm eine Verhaftung wegen Anstiftung zum Krawall angedroht.

Doch unser Mann ist noch nicht fertig. Er verspricht, dass die Band die Kaution für alle zahlt, die eingebuchtet werden. Und am nächsten Tag passiert genau das: Der Tourbuchhalter drückt 4200 Dollar für diverse Strafen ab. Wie viele Fans an dem Abend den starken Arm des Gesetzes zu spüren bekamen, weiß allerdings niemand mehr so genau. Die Zahlen schwanken zwischen 30 und 63, die Erinnerung scheint da etwas vernebelt zu sein. Im kollektiven Gedächtnis bleibt aber der lobenswerte Einsatz von Aerosmith für ihre Fans.

Keith Richards kommt nur knapp davon

Keith Richards stand im Laufe seiner Karriere schon öfter mal mit einem Bein im Knast (oder im Sarg). Doch am 27. Februar 1977 wird es echt knapp. Sogar ein Ende der Rolling Stones droht …

Damals reisen die Rolling Stones nach Toronto, um dort in einem Laden namens El Mocambo Aufnahmen für den Konzertmitschnitt *Love You Live* zu machen. Der Ärger geht schon nach der Ankunft am 27. Februar los: Statt Champagner und Schnittchen hatte Keith Richards im Flugzeug Heroin konsumiert. Der dabei verwendete Löffel endete im Gepäck seiner Herzdame Anita Pallenberg. Wie und warum, können die beiden sich nicht erklären, als sie nach der Landung durchsucht werden. Mit Champagner und Schnittchen wäre das nicht passiert. Pallenberg wird prompt verhaftet, gegen Richards haben die Behörden – erst mal – nichts in der Hand.

Doch so schnell geben sie nicht auf: In seinen Memoiren *Life* erzählt der Musiker, dass die kanadische Polizei daraufhin eine groß angelegte Operation startet und das Hotel mit Undercoverpersonal ausstaffiert. Als Zimmerservice verkleidet klopfen sie an seine Tür und werden hereingelassen, angeblich von Richards' Sohn. Der Stones-Gitarrist hat zu diesem Zeitpunkt fünf Tage lang nicht geschlafen, ist komplett high und mehr oder minder unansprechbar. Eine Durchsuchung fördert ein Päckchen mit Drogennachschub zutage, das der Profijunkie vorausgeschickt hatte. Also wird Keith verhaftet, was sich als schwierig rausstellt, denn »dazu muss man bei Bewusstsein sein«, wie er selbst trocken bemerkt. Der Legende nach brauchte die Polizei eine Dreiviertelstunde, um dem Gitarristen seine Rechte vorzulesen und ihn einzusacken.

Das Problem: Die gefundene Menge von einer Unze, etwa 30 Gramm, reicht aus, um »Keef« nicht nur wegen Besitzes, sondern auch wegen Handels dranzukriegen. »Das ist schon viel«, kommentiert Richards. »Allerdings auch nicht mehr, als man braucht. Ich hätte damit kaum die Stadt versorgen können. Aber die Polizei wusste, was abgeht. Denen war klar, dass das kein Stoff aus Kanada ist, sondern aus England gekommen war. Ich hatte ihn ja in das Flightcase gepackt.« Damit droht dem Gitarristen eine lebenslange Haftstrafe, was vermutlich das Ende der Stones bedeutet hätte.

Richards' Anwälte drehen deshalb auf und versuchen zu belegen, dass ihr Mandant sein Leben in den Griff bekommen wird. Der begibt sich natürlich umgehend in eine Entzugsklinik. Und die Strategie funktioniert sogar: Am 24. Oktober bekennt sich Keith Richards des Besitzes von Heroin für schuldig, worauf der Vorwurf des Drogenhandels fallen gelassen wird. Damit stehen trotzdem noch sieben Jahre Knast im Raum, aber das Gericht verhängt ein Jahr auf Bewährung und ein Jahr als »suspended sentence«, eine weitere Art der Bewährung. Außerdem muss Richards innerhalb der nächsten sechs Monate nach Toronto zurückkehren und ein Benefizkonzert spielen. Kurzum: Da hat jemand richtig Glück gehabt.

3

TRIVIA

Bestes Futter für musikalische Fachdiskussionen am Festivaltresen

»Sure know something«

Jon Bon Jovi singt ein Duett mit R2-D2

Viele glauben, die erste professionelle Aufnahme von Jon Bon Jovi sei »Runaway«, der Song, der ihm im Sommer 1982 einen Plattenvertrag bescherte. Weit gefehlt …

1980 kennt noch niemand den Sänger und Gitarristen John Bongiovi. Doch der junge Mann aus New Jersey will hoch hinaus und er hat gute Kontakte. Sein Cousin Tony Bongiovi führt das legendäre Studio Power Station in New York City und heuert den Nachwuchsrocker als Aushilfe und Mädchen für alles an. Im Gegenzug darf der selbst aufnehmen, wenn gerade niemand das Studio nutzt. Cousin Tony versucht, seinen ambitionierten Verwandten bei allerlei Labels unterzubringen, blitzt aber überall ab. Allerdings hat er ein heißes neues Projekt am Start: Zusammen mit dem Musiker Meco will er ein *Star-Wars*-Weihnachtsalbum veröffentlichen, um an den sagenhaften Erfolg anzuknüpfen, den die beiden drei Jahre zuvor mit einer Discoversion der Weltraumsaga einfahren konnten. Das klingt nach einem guten Plan, denn gerade lässt *The Empire Strikes Back* die Kinokassen erbeben, und sogar George Lucas gibt dem Projekt seinen Segen.

Deshalb produzieren Tony Bongiovi, Meco und der spätere Broadway-Starkomponist Maury Yeston *(Nine, Titanic)* eine Reihe von Weihnachtsliedern im *Star-Wars*-Gewand und schreiben dazu eine Geschichte über Droiden, die Geschenke für »S. Claus« herstellen. Die Stücke heißen zum Beispiel »Christmas In The Stars«, »Sleigh Ride« und – Achtung – »What Can You Get A Wookie For Christmas (When He Already Owns A Comb?)«. Sogar Anthony Daniels, der Schauspieler und Sprecher von C-3PO, ist zu hören. Leider bekommt der weise Jedi-Meister Yoda keinen Auftritt, weil Darsteller Frank Oz anderweitigen Verpflichtungen nachkommen muss. Pech gehabt wir haben.

Mehrere Vokalisten versuchen sich an einem Song namens »R2-D2 We Wish You A Merry Christmas«, doch keiner gefällt Meco. Also schlägt Tony seinen 18-jährigen Cousin vor, denn der Produzent zweifelt nicht daran, dass sich die Platte gut verkaufen wird. Es würde John also einige Türen öffnen, wenn er darauf zu hören wäre. Meco erinnert sich: »Nach nur ein paar Tönen aus seinem Mund stand für mich fest: Der Junge muss die Nummer singen. Damals klang seine Stimme noch niedlich und ziemlich hoch, aber er brachte den richtigen Ausdruck mit. Natürlich wissen wir alle, was aus ihm geworden ist …« Und so kommt es, dass John Bongiovi alias Jon Bon Jovi seinen Albumeinstand schon 1980 in einem Duett mit dem knuffigen Roboter R2-D2 gibt, begleitet von einem Kinderchor. Seine Stimme klingt tatsächlich jünger, aber man kann sie definitiv erkennen.

Die Platte erhält schließlich den Titel *Christmas In The Stars: Star Wars Christmas Album* und erscheint im November 1980. Ein großer Hit wird sie leider nicht, denn das Label RSO Records stellt kurz nach Erscheinen den Betrieb ein. Bis dahin wurden immerhin 150 000 Kopien gepresst, doch Werbung gibt es dafür keine mehr. Trotzdem hält sich die Single mit dem »Wookie« sechs Wochen in den Charts und schafft es bis auf Platz 61. Als Tonträger findet man das Werk mittlerweile nur noch selten, man kann es sich aber ganz offiziell auf den üblichen Streamingportalen anhören.

Heute gilt *Christmas In The Stars* als Kuriosität und herrlicher Nerd-Spaß, mit dem so manches *Star-Wars*-Kid von damals tatsächlich Weihnachtserinnerungen verbindet. Maury Yeston allerdings denkt sich 1980 bereits bei der Aufnahme: »Ich bin nicht der Einzige, der später mal mit diesem Album erpresst werden könnte …«

Die Kings of Leon werden beschissen und gewinnen ein royales Duell

Am 23. Juli 2010 steht St. Louis, Missouri, auf dem Tourplan der Kings of Leon. Es läuft gut für die US-amerikanischen Rocker, denn für die Show wurde ein riesiges Amphitheater gebucht, in dem bis zu 20 000 Fans Platz finden. Leider hat sich auch ein Schwarm Tauben unter dem Dach breitgemacht …

Man kann sich das vermutlich so vorstellen, dass die Vögel da oben entspannt rumhängen und genau das tun, was Tauben gemeinhin mit unzähligen Statuen, Denkmälern und anderen Gebilden tun, die sich unter ihnen befinden. Auf gut Deutsch: Die Vögel kacken von oben schlicht und ergreifend alles voll. Platsch.

Als die vier Musiker zum Song »Closer« die Bühne betreten, bemerken sie das Bombardement sofort, denn der Boden und die Effektpedale sind bereits »verziert«. Bassist Jared Followill wird im Laufe jedes der ersten drei Stücke getroffen. Bei 20 Songs auf der Setlist kann er sich so ausrechnen, dass er zum Ende des Sets von oben bis unten mit Taubenexkrementen bedeckt sein würde. Wie viele der inkontinenten Viecher über ihm »aktiv« sind, kann er nicht mal ahnen. »Das Letzte, was ich da tun wollte, war, nach oben zu schauen«, erklärt er später.

Doch als eine der fliegenden Bomben ihn direkt am Mund trifft, ist, nun ja, die Kacke am Dampfen: Als selbsterklärter Germophobiker macht er das keine Sekunde länger mit. Weil es den anderen Kollegen nicht besser ergeht, bricht die Band vor dem vierten Song die Show ab.

Auf Twitter schreibt Drummer Nathan Followill dazu: »Es tut uns sehr leid, St. Louis. Wir mussten abhauen. Tauben haben in Jareds Mund geschissen, und das war einfach zu ungesund, um weiterzumachen. Lasst es nicht an ihm aus, die Schuld liegt bei der verdammten Halle. Manche mögen sich darüber freuen, angekackt zu werden, wir nicht.« Das Management erklärt zusätzlich: »Als Jared am Mund getroffen wurde, konnten die Musiker nicht mehr weitermachen. Das ist nicht nur eklig, sondern auch gesundheitsgefährdend.

Die Band hat wirklich versucht, das Konzert durchzuziehen.« Ganz überraschend kam der Luftangriff allerdings nicht: Die Verantwortlichen der Halle hatten im Vorfeld vor einer »massiven Taubenplage während der Sommerzeit« berichtet, aber versprochen, »alles zu tun, um damit fertigzuwerden«. Das hat offensichtlich nicht geklappt. Auch der, ähm, »beschissene« Anblick der Vorgruppen The Postelles und The Stills nach ihren Auftritten ließ keine Zweifel an den Aktivitäten unter dem Hallendach. Es spricht für die Kings of Leon, dass sie die Show zunächst trotzdem durchziehen wollten, und man kann ihnen den Abbruch kaum verdenken.

Immerhin beweist das Quartett im Jahr nach der Taubenattacke Stehvermögen, selbst auf die Gefahr hin, echte Majestätsbeleidigung zu begehen. Nathan Followill ist sich jedenfalls der richtigen Etikette nicht sicher, als er am 7. Januar 2011 den britischen Thronfolger Prince Harry in der Londoner O2 Arena trifft – und ihm kurz darauf im Wettkampf an einer Tischtennisplatte gegenübersteht.

Warum es backstage bei einer Rock-'n'-Roll-Show um den Sieg im Pingpong geht, bleibt bis heute verwunderlich, hätte man doch eher Kokshäufchen, Glamourgirls und ein ordentliches Gelage erwartet. Und wenn schon ein Kräftemessen, dann eher im Dosenschießen. Oder duellieren sich Königliche auch nach Feierabend? Man weiß es nicht.

Es kommt jedenfalls zum Showdown an der grünen Platte. Nathan Followills Bandkollegen scheinen zwar der Meinung zu sein, dass man einen echten Prinzen gewinnen lassen sollte, doch der Schlagzeuger beugt sich dieser Regel nicht und verblüfft im Anschluss mit einem überraschenden Argument: »Als einer von den Kings of Leon bin ich ein König, richtig? Und König übertrumpft Prinz. Außerdem ist Harry so groß und militärisch ausgebildet, der kann schon auf sich selber aufpassen. Es war ein harter Kampf, aber ich habe ihn schlussendlich geschlagen.« Wie Prince Harry mit der Schmach der Niederlage umgegangen ist, wurde nicht überliefert. Es sind keine Aufforderungen zur Revanche (oder zum Duell im Morgengrauen) bekannt geworden. Aber immerhin bescheinigt ihm Nathan die nötige Lässigkeit: »Will und Kate sind nette Leute, aber Harry ist der Coole. Er kennt sich mit Musik aus.«

James Hetfield ruft nach Pfannkuchen

»Master Of Puppets« gehört zu den Kronjuwelen des Heavy Metal. Für Headbanger gilt das Titelstück des gleichnamigen Metallica-Albums als Weltkulturerbe, und das völlig zu Recht. Aber warum um alles in der Welt verlangt James Hetfield mitten im Song nach Eiermehlspeisen?

Seit seiner Uraufführung am 31. Dezember 1985 steht der Song so ziemlich auf jeder Metallica-Setlist, kein Lied hat die Band öfter live gespielt, nämlich an die 1700 Mal bis Ende 2021. Im Text besingt James Hetfield Sucht und Abhängigkeit aus Sicht der Droge, kurz vor dem wieselflinken Gitarrensolo schreit er »Fix me!«, deutlich zu hören bei Minute 5:40. Die Fans wissen das und schreien mit, wie es sich gehört. Irgendwann um 2010 beginnt Hetfield allerdings damit, bei Konzerten an dieser Stelle »Pancakes!« zu rufen, also »Pfannkuchen!«. Nicht immer, aber oft genug, um für hochgezogene Augenbrauen zu sorgen.

Eine Erklärung hat Anthrax-Schlagzeuger Charlie Benante, der sich an folgenden Vorfall erinnert: Im Herbst 1986 bestreitet seine Band das Vorprogramm der Metallica-Tour durch Europa. Beide Bands sind seit ihren Anfangstagen befreundet, die Reise fühlt sich an wie eine Klassenfahrt. An einem freien Tag irgendwo auf der britischen Insel will Benante mit Anthrax-Gitarrist Scott Ian und den beiden Metallica-Musikern Cliff Burton und Kirk Hammett frühstücken. »Wir saßen also da und unterhielten uns«, berichtet der Drummer. »Da fragte ich: ›In »Master Of Puppets« direkt vor dem Solo ruft James irgendwas, aber ich verstehe ihn nie. Was schreit er da?‹« Doch die

Metallica-Jungs schauen sich nur ratlos an, sie wissen es anscheinend auch nicht. Eine kurze Stille entsteht. Weil Cliff gerade die Speisekarte liest, antwortet er trocken: »›Pfannkuchen‹. Ich glaube, er schreit ›Pfannkuchen‹.« Die vier Kumpels lachen sich kaputt, doch dabei bleibt es nicht, wie Benante erzählt: »Immer wenn ich bei den nächsten Shows am Bühnenrand stand und dieser Part kam, schaute Cliff mich an und formte mit dem Mund das Wort ›Pancakes‹! Cliff war ein cooler Typ mit einem tollen Sinn für Humor.« Leider endet die Tour nach 13 Konzerten tragisch, als Burton am 27. September 1986 mit nur 24 Jahren bei einem Busunglück im schwedischen Ljungby ums Leben kommt.

24 Jahre später stehen die beiden Gruppen dann erneut auf einer Bühne im Rahmen der »Big Four«-Tour, bei der die vier größten Thrash-Metal-Bands aus den USA zum ersten Mal gemeinsam auf einer Bühne stehen: Metallica, Slayer, Megadeth und Anthrax. »Vor dem ersten Konzert in Polen gab es ein großes Abendessen nur für die Bands«, berichtet Benante. »James und ich sprachen über Cliff und da habe ich ihm die Geschichte erzählt.« Was nun kommt, ist klar: Während der folgenden »Big Four«-Konzerte schreit James Hetfield jedes Mal »Pancakes« an der entsprechenden Stelle; auch später tut er das noch ab und zu. Das entwickelt sich natürlich zu einem Running Gag, zu dem es sogar T-Shirts und eine Facebook-Seite gibt. Cliff Burton hätte sich über diesen charmanten Tribut vermutlich amüsiert. Rest in peace.

Immer wieder Ozzy: Von Aliens, Neandertalern und Verbrechern aus North Dakota

Der Fundus an Geschichten über und mit Ozzy Osbourne ist endlos. Der Black-Sabbath-Sänger und Solostar ist berühmt für Alben, die zu den wichtigsten eines ganzen Genres gehören – und berüchtigt für einen Lebenswandel zwischen Rausch und Wahnsinn. Dass er Tauben den Kopf abgebissen und auch an Fledermäusen geknabbert, gegen US-Nationalheiligtümer gepinkelt und Ameisen durch die Nase gezogen hat, gehört mittlerweile zur Heavy-Metal-Folklore. Aber von unserem liebsten »Prince of Darkness« gibt es einiges mehr zu berichten, was noch nicht zum Headbanger-Grundwissen gehört.

Ozzy und die Aliens

Als 2004 zum ersten Mal Spuren von Wasser auf dem Mars gefunden werden, startet das Webportal Yahoo in Großbritannien eine Umfrage darüber, wer mögliche Außerirdische am besten begrüßen sollte. Zur Wahl stehen unter anderem George Bush, Tony Blair sowie Victoria und David Beckham. Zur Wahl stehen also große Namen und auch Persönlichkeiten, die sich schon mal mit Außenpolitik beschäftigt haben. Doch über ein Viertel der 1000 Stimmen geht an: Ozzy Osbourne! Jawohl, an unseren liebsten »Madman«, der zu dieser Zeit dank der Doku-Soap *The Osbournes* weit über die Musikwelt hinaus bekannt wurde. Ein Sprecher von *Yahoo! News* merkt dazu an: »Tolle Wahl. Wir sind uns nur nicht sicher, wie die Marsianer mit Ozzys sehr individuellem Gebrauch der englischen Sprache klarkommen.« Rockkundige wissen aber: Der Mann war seit den Siebzigern so viel in seinem eigenen geistigen Kosmos unterwegs, mit Weltraumkontakten kommt er klar. Zudem hat er bereits 1983 auf seinem dritten Soloalbum *Bark At The Moon* den Mond angebellt. Es steht also außer Frage, dass wir Ozzy vorschicken können, wenn die Aliens kommen. Der regelt das schon. Vor allem ist er uns allemal lieber als sämtliche der Alternativen, die Yahoo in der – völlig ernst gemeinten und natürlich statistisch absolut belastbaren – Umfrage zur Auswahl stellte.

Jahre später begibt sich Ozzy übrigens mit seinem Sohn für die gemeinsame Serie *Ozzy & Jack's World Detour* auf den Weg nach Roswell, New Mexico. Kennen wir alle, da sind 1947 angeblich Ufos abgestürzt. Vermutlich will sich unser Mann einfach vorbereiten …

Ozzy als Polizeiköder

Ozzy wird nicht nur als Weltraumbotschafter eingesetzt. 2007 muss ausgerechnet er sogar als Polizeiköder herhalten. Und das kommt so: Am 29. Oktober 2007 soll seine Band in Fargo im US-Bundesstaat North Dakota auftreten. Für den gleichen Tag wird ein Fan-Event angekündigt, bei dem Freikarten für die Show und VIP-Pakete angeboten werden. Sogar der Meister selbst soll erscheinen. Die Einladungen zu dieser exklusiven Party gehen per Post raus, manche Berichte sprechen von 500 Empfängern, andere von 40. Fest steht, dass mehr als 30 Eingeladene tatsächlich bei der Partylocation auftauchen – und prompt festgenommen werden. Es stellt sich heraus: Hinter der ganzen Sache steckt die örtliche Polizei, die die Einladungen an Leute verschickt hat, die zum Beispiel nicht vor Gericht erschienen sind oder Unterhaltszahlungen vernachlässigt haben. Die Gesetzeshüter nutzen sogar eine fiktive Firma namens PDL Productions als Absender, die die gleichen VIP-Annehmlichkeiten anbietet, wie sie auch bei Ozzys Tour verkauft werden.

Sheriff Paul D. Laney feiert den Erfolg, aber Ozzy ist sauer. Er sieht seinen Ruf ramponiert. In einer Presseerklärung am 1. November 2007 macht er seinem Unmut über die Annahme Luft, er würde grundsätzlich »kriminelle Elemente anziehen«. Mr. Osbourne erklärt: »Meine Fans sind gute, hart arbeitende Leute, die meine Musik seit fast vier Dekaden unterstützen.« Die Behörden halten dagegen, dass »kreative Maßnahmen« nötig seien, um das Verbrechen zu bekämpfen. Ozzy sei nur deshalb ausgewählt worden, weil eben eines seiner Konzerte in der Gegend anstand und so plausibel gemacht werden konnte, dass er bei dieser VIP-Party auftauchen würde.

Die Logik, dass man die Kriminellen von Fargo insbesondere mit Metal anlocken kann, scheint tatsächlich überzogen. Vor allem aber darf man sich darüber wundern, dass die Leute tatsächlich glauben, dass ihnen jemand Freikarten für VIP-Partys schenkt …

Ozzy wird offiziell Genmutant

Aber bei Ozzy laufen die Dinge eben nicht immer in normalen Bahnen. Was vielleicht daran liegt, dass er – rein biologisch gesprochen – nicht »normal« ist. Ozzy wird der erste Rockstar, dessen Gensatz vollständig entschlüsselt wird. Damit gehört er zu einem ziemlich erlauchten Kreis, denn eine komplette wissenschaftliche Analyse der DNA passiert nicht so oft. Und natürlich fällt unser Mann da ein bisschen aus dem Rahmen …

Der Meister selbst hat der Untersuchung durch eine Firma namens Knome zugestimmt, weil er erstens wissen wollte, warum er ständig zittert und Symptome einer Parkinson-Erkrankung zeigt (die bei ihm 2019 tatsächlich diagnostiziert wird). Und zweitens wunderte er sich, warum er überhaupt noch lebt nach den unglaublichen Mengen an Drogen, die er sich seit seinen Erfolgen mit Black Sabbath und insbesondere während der Siebziger und Achtziger eingepfiffen hat.

So schreibt er am 24. Oktober 2010 in seiner Kolumne in der *Sunday Times of London*: »Ich war neugierig. Bedenkt man die Swimmingpools an Alkohol, die ich mir in Laufe meines Lebens reingekippt habe, nicht zu vergessen das ganze Kokain und Morphin, dazu Schlaftabletten, Hustensaft, LSD und Rohypnol, dann gibt es keine plausible medizinische Begründung dafür, dass ich noch am Leben bin. Vielleicht kann meine DNA das erklären.« Ein »Ozzy-Osbourne-Gen«, das all das plausibel macht, finden die Wissenschaftler zwar nicht, auch keine genetische Programmierung, die einen Menschen zum Metal-Star und Fledermauskopfabbeißer werden lässt. Allerdings sind ein paar Kleinigkeiten im DNA-Aufbau bei unserem »Madman« schon anders als bei anderen Menschen. Der Forschungsdirektor von Knome, Nathaniel Pearson, erklärt gegenüber *Scientific American*: »Ozzy trägt einige Tausend Varianten in sich, die die Wissenschaft noch nicht gesehen hat.« Mit anderen Worten: Ozzy ist offiziell ein genetischer Mutant.

So legen einige ungewöhnliche Gensequenzen tatsächlich eine massive Affinität zu Suchtmitteln nahe. Dass der Mann früher gerne einen gezischt und immer am Tisch gerochen hat, überrascht nicht. Aber jetzt gibt's sogar wissenschaftliche Hinweise.

Die Forscher finden noch mehr, wie *Die Zeit* schreibt: So gehörten Ozzys Vorfahren zu den Überlebenden des Vulkanausbruchs, der im Jahr 79 nach Christus die Stadt Pompeji zerstörte. Seine Gattin Sharon erklärt dazu in einer Pressekonferenz: »Ich habe schon immer gesagt: Wenn die Welt untergeht, bleiben nur die Kakerlaken, Ozzy und Keith Richards übrig.« Angeblich entstammt der Sänger sogar einer Verwandtschaftslinie, die ganz entfernt auf den britischen Monarchen George I. (1660–1727) zurückgeht. Das passt: Für Fans war und ist Ozzy seit jeher schon ein König, mindestens mal der »Prince of Darkness«.

Zu den gewonnenen Erkenntnissen gehört auch, dass der Mann mit einer um das 2,6-Fache erhöhten Wahrscheinlichkeit Halluzinationen erleidet, wenn er Marihuana konsumiert. Des Weiteren kann sein Organismus Kaffee nicht gut verarbeiten. »Ozzys Kryptonit ist Koffein«, kommentiert Jorge Conde, einer der Gründer von Knome.

Der Bericht führt weiterhin aus, dass es heutzutage gelegentlich noch genetische Spuren der Neandertaler in der Menschheit gibt. Und natürlich stammt Meister Osbourne irgendwo entfernt ein bisschen vom Neandertaler ab. War klar, oder? Warum Ozzy Osbourne allerdings einige der besten Metal-Platten der Welt erschaffen und gleichzeitig sein exzessives Leben überstehen konnte, das bleibt weiter ein Wunder.

Ozzy und das Quad-Bike

Nicht nur seine Erbanlagen machen ihn unsterblich, Ozzy hat einfach auch noch unverschämtes Glück. Ein Abenteuer wäre beinahe tödlich ausgegangen: Am 8. Dezember 2003 unternimmt er eine

Spritztour auf seinem Anwesen in der Nähe von London – und zwar mit einem Quad, einem vierrädrigen All-Terrain-Vehicle. Die Dinger sehen aus wie geländegängige Gokarts und sind sehr schnell.

Ozzy Osbourne auf so einem Gefährt? Vielleicht keine gute Idee. Prompt baut der damals 55-Jährige einen Unfall und verletzt sich schwer. So schwer, dass er nicht mehr atmet und von seinem Bodyguard Sam Ruston wiederbelebt werden muss. Es gibt sogar ein wackeliges und ziemlich verstörendes Video dazu im Netz. Glücklicherweise können die Chirurgen in einer Londoner Klinik den Sänger wieder zusammenflicken. Und er hat Glück: Nicht nur ist sein Schlüsselbein gebrochen, sondern acht (ja, acht!) gebrochene Rippen und ein beschädigter Wirbel im Hals klemmen wichtige Blutgefäße ab.

Später kommt raus, dass völlig legal verschriebene Beruhigungsmittel eine Rolle bei dem Crash gespielt haben sollen. Schon abgefahren, dass nicht jahrzehntelange Sauferei und Drogenkonsum den Sänger beinahe ins Grab bringen, sondern ein Geländefahrzeug und Pillen aus der Apotheke.

Kiss lassen unfreiwillig die Masken fallen

Mitte der Siebziger werden Kiss zu Megastars: Der mitreißende Konzertmitschnitt Alive! *von 1975 geht durch die Decke, die Konzerte werden größer, die Show bombastischer, die Band verdient Millionen. Jeder kennt das schwarz-weiße Make-up dieser vier Rock-'n'-Roll-Comichelden, von denen einer eine besonders lange Zunge hat und Blut spuckt. Die Faszination, die die Band auf Millionen vor allem US-amerikanischer Fans ausübt, beruht nicht zuletzt auf diesem bombastischen Image, das dem lautstarken Hardrock der New Yorker einen Extraschub verleiht. Deshalb wird das Geheimnis um ihre wahren Gesichter mit Nachdruck gehütet – eigentlich ...*

Die Musiker zeigen sich nicht »en naturelle« in der Öffentlichkeit, ziehen sich Halstücher über Mund und Nase oder halten sich Hände vor die Gesichter. Bodyguards schirmen Paul Stanley, Gene Simmons, Ace Frehley und Peter Criss rund um die Uhr ab und helfen auch schon mal unliebsamen Fotografen mit den Kameras, indem sie ihnen die Filmrollen abnehmen. Und die Magazine und Medien wissen nur zu gut, dass eine Enttarnung nicht nur den ganzen Spaß, sondern eine beidseitig günstige Geschäftsgrundlage zerstören würde. Man kennt sich, man arbeitet zusammen. Am Anfang ihrer sagenhaften Karriere nehmen die Herren es mit diesen Regeln allerdings noch nicht so genau.

Am 13. Mai 1974 steht das Debütalbum seit drei Monaten in den Läden, die Band befindet sich gerade auf Tour als Vorgruppe für Savoy Brown. In Birmingham, Michigan, besuchen sie die Redaktion des Magazins *Creem*, wo eine Fotosession für einen großen Artikel stattfinden soll. Zunächst sehen die Musiker ohne ihre Schminke noch wie vier normale Rocker aus. Freundlich fragen sie, ob sie die Damentoilette benutzen dürfen, um ihre Kostüme anzulegen … »Die Transformation war unglaublich! Plötzlich standen da vier Giganten!«, erinnert sich *Creem*-Journalistin Jaan Uhelszki im Buch *Kiss: Behind The Mask*. Das sorgt natürlich für Aufsehen und ein ziemliches Durcheinander. Uhelszki beobachtet, wie die Sekretärinnen sich darum streiten, wer bei Gene Simmons auf dem Schoß sitzen darf, während aus der Zahnarztpraxis von gegenüber ständig Leute reinschauen, weil sie wissen wollen, was da los ist. Charlie Auringer, der Artdirector von *Creem*, macht schließlich die besprochenen Fotos der vier Helden in voller Montur. Dann verschwinden die Musiker erneut im Bad, legen das ganze Brimborium ab und schicken sich an, wieder abzufahren. Da überzeugt Auringer sie spontan, noch eben für ein Bild ohne Make-up zu posieren. Und es funktioniert sogar: »Wir wurden überlistet«, berichtet Paul Stanley später. »Man hat uns erklärt, unser Management habe am Telefon zugestimmt, Bilder ohne die Schminke zu machen. Grün, wie wir waren, haben wir gefragt: ›Wirklich?‹ Und sie haben gesagt: ›Ja, wirklich!‹ Also haben wir mitgemacht.« Natürlich hat die Absprache mit dem Manager nie stattgefunden.

Und so klingelt am nächsten Tag bei *Creem* auch das Telefon: Die Plattenfirma Casablanca Records bittet darum, das Material nicht zu veröffentlichen. »Wir haben uns daran gehalten«, erinnert sich Auringer, »um das Mysterium am Leben zu erhalten.« Gedruckt werden die Bilder erst viele Jahre später, denn *Creem* und Kiss arbeiten gut zusammen, als die Band im Folgejahr förmlich explodiert.

Die Maskerade ziehen Kiss noch fast eine Dekade durch, bis sie sich schließlich am 18. September 1983 unter großem Tamtam ungeschminkt auf MTV zeigen – eine letzte Trumpfkarte nach zunehmend schwierigen Zeiten, denn das Interesse der Rockwelt an Make-up und Heimlichtuerei hat sich doch merklich abgekühlt. Vor allem aber sind Kiss nach dem Höhenflug zwischen 1975 um 1977 einige Male falsch abgebogen: Zusehends gibt es damals Streitereien innerhalb der Band, weswegen 1978 am gleichen Tag mit durchwachsenem Erfolg vier egostreichelnde Soloalben erscheinen. Daneben wird der ambitionierte Kinofilm *Kiss Meets The Phantom Of The Park* zum trashigen Rohrkrepierer, die folgenden Alben *Dynasty* und *Unmasked* klingen zusehends poppiger. 1981 drehen unsere Helden dann völlig durch und überraschen mit *(Music From) The Elder*, einem wirren Fantasy-Konzeptalbum mit Bläsern, Streichern und Falsett, das sang- und klanglos untergeht. Währenddessen erobern ehemalige Kiss-Vorgruppen wie Iron Maiden die Welt. Simmons und Stanley, ab 1982 die einzig verbliebenen Originalmitglieder, müssen handeln – und die Schminke fällt.

Damit kommen Kiss durch die Achtziger, haben es in den Neunzigern dank der Grunge-Welle aber wie alle altverdienten Hardrock-Combos schwerer als früher. Das kann den Herren ab 1996 jedoch völlig egal sein: Da lassen sie bei der 38. Grammy-Verleihung die

Bombe platzen und treten nicht nur in Urbesetzung, sondern in vollem Ornat vor die Kameras – mit Plateauschuhen, Nieten, Glitzer und natürlich dem legendären Make-up. Diese Reunion samt Wiederbemalung und Welttour geht medial wie kommerziell durch die Decke und spielt Millionen ein. Ob die Band zum Zeitgeist passt, interessiert niemanden. Und im Gegensatz zu 1974 schadet es auch kein bisschen, dass die Fans sie längst kennen, die wahren Gesichter von Gene, Paul, Ace und Peter.

Green Day haben Angst vor der *Sesamstraße*

In der »Sesamstraße« haben ja schon viele Showgrößen gespielt: Von Johnny Cash, Billy Joel und Sheryl Crow über B. B. King, Cher und Little Richard bis hin zu neuzeitlicheren Stars wie will.i.am, Alicia Keys und Pharrell Williams. Nur Green Day wollen nicht …

Die Redaktion der Sendung, die in den USA bereits seit 1969 und in Deutschland seit 1973 läuft, scheint über die Jahre die jeweils aktuellen Musiktrends im Auge zu behalten, denn als Mitte der Neunziger die Pop-Punk-Welle um den Globus lärmt und Green Day mit dem Album *Dookie* einen herrlich spaßigen Megahit abliefern, lädt die *Sesamstraße* sie ein. Doch die drei Punks aus Kalifornien sagen angeblich am 11. September 1995 ab. Warum? Weil sie »mit einem Moshpit aus Fünfjährigen nicht umgehen können.« Diese Sorge von Billie Joe Armstrong, Mike Dirnt und Tré Cool mag manchen übertrieben vorkommen, aber wer schon mal eine Geburtstagsparty für Vorschulkinder ausgerichtet hat, weiß Bescheid. Eine »Wall of Death« ist nichts gegen das Gewusel und 200 Dezibel kratzen vermutlich gerade mal am unteren Durchschnitt einer solchen Veranstaltung. Eltern können Green Day verstehen. Leider finden sich keine offiziellen Erklärungen und Pressemeldungen zu dieser Absage, lediglich Zitat und Datum geistern durch das Internet. Aber die Geschichte ist zu charmant, um sie nicht zu erzählen.

Vielleicht haben Green Day ja auch nicht nur Angst vor den wild tanzenden Kinderhorden, sondern eine alte Rechnung offen. Und die hat mit Ernie zu tun, dem weltberühmten Hauptdarsteller der *Sesamstraße*. Denn Ernie – oder genauer: eine Ernie-Puppe – findet sich auf dem Moshpit-Foto auf der Rückseite der ersten Auflagen von *Dookie*. Entstanden war die Aufnahme 1993 in New York, wo Green Day den Anheizer für Bad Religion gaben.

Doch auf späteren Pressungen der Platte fehlt der knollennasige Star mit dem Ringelpulli. Der Grund: Green Day befürchten Mitte der Neunziger, als die Platte durch die Decke geht und alle Welt hinschaut, Beschwerden von den Machern der *Sesamstraße* und Briefe von Anwaltskanzleien mit den Worten »Copyright«, »Unterlassung« und »Überweisungsträger liegt bei«. Vielleicht wiegt damals aber noch schwerer, dass anscheinend einige Leute eben wegen Ernie bei *Dookie* Kindermusik erwarten. So erzählt Billie Joe Armstrong in einem Eintrag auf Instagram: »Angeblich soll eine Großmutter die Platte deshalb für ihre Enkel gekauft haben …«

Rod Stewart ruiniert das Sexleben eines Fanpaares

Als »Sexiest Man Alive« wurde er tituliert, nicht zuletzt von sich selbst, einer seiner größten Hits heißt »Do Ya Think I'm Sexy?« Weil Rock 'n' Roll sowieso immer irgendwie mit hüllenlosem Nahkampf zu tun hat, darf man durchaus annehmen, dass ein seit Dekaden erfolgreicher Musiker gelegentlich Damenbekanntschaften macht, die Mitbewerbern oder Partnern nicht gefallen. Doch die Klage, die Rod Stewart sich 1990 einhandelt, liegt nicht etwa an überbordender Leidenschaft für das andere Geschlecht und einer leichtfertigen Grätsche in eine intakte Ehe, sondern an seiner Liebe zum Fußball.

Im Sommer 1989 gastiert Rod Stewart auf der Tour zu seinem Album *Out Of Order* im Städtchen Clarkston in der Nähe von Detroit. Wie üblich lässt es sich der fanatische Fußballfan und Anhänger von Celtic Glasgow nicht nehmen, zum Ende des Sets ein paar Bälle in die Menge zu kicken. Fans kennen diese Angewohnheit ihres Helden, viele feiern sie, fangen die manchmal sogar signierten Bälle und nehmen sie als Souvenirs mit nach Hause. Doch an diesem Abend geht das schief: Eine Dame namens Patricia Boughton wird am Mittelfinger ihrer linken Hand getroffen und zieht sich einen Sehnenriss zu.

Deshalb verklagt sie den Musiker am 13. November 1990, weil die Verletzungen nicht ausheilen. Sie gibt sogar an, dauerhaft entstellt zu sein. Ihr Mann legt noch einen drauf und spricht von »Verlust der Zweisamkeit«. Es sei »sehr schwer, sexuell aktiv zu sein«, erklärt Stephen Boughton in einem Interview mit einer US-Zeitung. »Wenn sie mit ihrer Hand irgendwo gegenstieß, war alles vorbei.« Heißt: Finger kaputt und Sexleben vorbei, weil Rod Stewart leichtfertig pöhlen wollte – und nicht weil er sich an vergebene Frauen rangemacht hat, wie man es von einem alten Hühnerhabicht hätte erwarten können.

Wegen der erlittenen Unpässlichkeiten verlangen die Boughtons (die sich leider nach 14 Jahren Ehe scheiden ließen) 75 000 Dollar an Entschädigung. Zu seiner Verteidigung führt Stewart an, die Kickerei gehöre seit jeher zu seinen Auftritten, jeder wisse das. Frau Boughton erklärt, sie sei sich dessen nicht bewusst gewesen. Die Parteien einigen sich schließlich auf 17 000 Dollar.

All das hält den Musiker nicht davon ab, weiter seine wahre Liebe zur beliebtesten Unterhaltungsballsportart Europas auszuspielen: Fußbälle fliegen durch die Konzertsäle, doch augenscheinlich elfmetert Rod Stewart nicht mit Wucht in die Menge, sondern flankt eher locker rein. Manche Hallen hängen trotzdem Warnschilder auf, denn Ärger gibt es weiterhin: 2002 nimmt der Finger eines Fans in Cardiff Schaden, 2012 endet bei einer Las-Vegas-Show ein großzügiger Pass in den Raum mit einem Nasenbruch. Der Kommentar des Sängers in bestem Fußballsprech: »Das ist halt ein Kontaktsport.« Hoffen wir, dass es zumindest nicht zu einem weiteren erotischen Abpfiff kommt.

Mick Jagger, Ozzy Osbourne ... und Eiscreme

Mick Jagger – Rockstar, Multimillionär, coole Socke – ist es als Sänger der Rolling Stones vermutlich gewohnt, dass ihm die meisten Wünsche von den Augen abgelesen oder zumindest spätestens dann erfüllt werden, wenn das dicke Portemonnaie gezückt wird. Doch sein Traum von einem Eiswagen bleibt: ein Traum. Ozzy hat beim Thema Eiscreme mehr Erfolg.

(K)ein Eiswagen für Mick

Am 30. Mai 2009 beißt Jagger beim Besitzer eines Verkaufswagens für Eiscreme auf italienischen Marmor. Giuseppe Della Camera ist nämlich im Besitz eines ausgefallenen Exemplars: Ihm gehört ein Van-Oldtimer aus dem Jahr 1954, den Sir Mick soeben auf den Straßen Londons erspäht hat. Della Camera hatte den Wagen zwei Jahre zuvor selbst durch Zufall entdeckt – in der Nähe von Stonehenge im Feld eines Bauern, der das Gefährt als Hühnerstall benutzte. 2000 Pfund bezahlte der Eisverkäufer dafür und steckte selbst noch 35 000 Pfund in die Restauration, bis das rollende Schmuckstück wieder aussah wie neu: ein süßes kleines Buslein in Weiß, mit roten Felgen, rot-gelb gestreifter Verzierung und dem Schriftzug »Traditional Italian Ices«.

Kein Wunder, dass sich Jagger sogleich in die schöne alte Blechkugel verguckt und dem Eisverkäufer eine stolze Summe für seinen Wagen bietet: »Ich habe gerade in Wandsworth Common außerhalb Londons gearbeitet, als Sir Mick mit seinem Sohn zu mir kam und ein paar Eiskugeln kaufte«, erinnert sich Della Camera gegenüber der Zeitung *Daily Mail*. »Er sagte mir, dass er sich total in meinen Van verliebt hat, und wollte wissen, ob ich mir vorstellen kann, ihn zu verkaufen – für 100 000 Pfund! Das hat mich natürlich umgehauen.« Nun könnte man erwarten, dass Giuseppe das Angebot freudig annimmt, doch es kommt anders: Der gebürtige Engländer mit italienischen Wurzeln lehnt ab, allerdings nicht etwa, weil ihm das Angebot zu gering erscheint: »Ich muss zugeben, dass ich schon sehr in Versuchung kam. Doch ich musste einfach Nein sagen.« Sein schöner Grund: Giuseppe Della Camera hatte seiner zwölfjährigen Tochter Alessia versprochen, sie irgendwann in genau diesem Truck zu ihrer Hochzeit zu kutschieren. Und so musste auch Superstar Mick Jagger erfahren: »You can't always get what you want ...«

Eine Eiskreation für Ozzy

Ozzy Osbourne hingegen hat in Sachen Eiscreme mehr Glück: Für ihn und seine Frau Sharon werden sogar eigene Sorten kreiert und sie könnten passender nicht sein: Ein Herr namens Ed Dubroski Jr. aus dem US-Bundesstaat New Jersey findet die Osbournes so gut, dass er in seiner Eisdiele Country Cow Creamery eigens zwei Eissorten ihnen zu Ehren erfindet. Er hatte davon gehört, dass Sharon Schokolade liebt, und in der TV-Show *The Osbournes* gesehen, wie Ozzy Karottenkuchen verzehrt. Deshalb heißen die beiden Kreationen:

Death by Sharon *(»Tod durch Sharon«)*
mit viel, viel Schokolade und Schokolikör obendrauf

und

Ozzy's Carnivorous Carrot Cake
(»Ozzys fleischfressender Möhrenkuchen«)
mit Zimteis, Karottengebäck und Haselnusslikör

Das ist natürlich völlig bescheuert, aber lustig und vermutlich ziemlich lecker. Da macht der Satz »Zwei Kugeln Sharon, bitte!« sogar

Sinn. Oder »Nur eine Kugel Ozzy, ich muss noch fahren …« Der Eismacher schickt 20 Liter der beiden Sorten an Sharon, die darüber in ihrer Fernsehshow spricht. Der Bitte von Mr. Dubroski um ein Date mit Tochter Kelly kommt sie zwar nicht nach, findet aber, dass die beiden – in einer Fotomontage – durchaus nett zusammen aussehen.

Ein Baby geht schwimmen: Geschichte und Nachspiel des *Nevermind*-Covers

> *Am 23. Mai 1991 findet eine kleine Fotosession statt. Dabei wird ein vier Monate alter Junge unter Wasser fotografiert, das Ganze dauert nur ein paar Minuten. Heute gehört das Bild zu den ikonischen Motiven des Rock 'n' Roll: Das Baby, das da im blauen Wasser schwimmt und anscheinend nach einem Dollarschein an einem Angelhaken greift, ziert das Cover von Nirvanas* Nevermind, *einem der wichtigsten und einflussreichsten Alben der Neunziger.*

Die Idee zu dem Motiv kommt Sänger Kurt Cobain, als er mit Schlagzeuger Dave Grohl einen TV-Bericht über Wassergeburten guckt. Weil aber alle Bilder von Fotoagenturen zu teuer oder zu krass realistisch sind, sorgt die Plattenfirma selbst für das Artwork und schickt den Fotografen Kirk Weddle. Der bittet einen Freund, seinen vier Monate alten Sohn Spencer mitzubringen.

Der Kleine darf dann kurz schwimmen, die Eltern bekommen dafür 200 Dollar und gehen anschließend Tacos essen. Fertig. Es entstehen noch weitere Babyfotos mit anderen Kindern, doch Spencer Elden macht das Rennen. Der Geldschein an der Angel wird später hinzugefügt. Natürlich haben sich ein paar Leute beim Label danach große Sorgen gemacht, weil man den Penis des Jungen sieht. Aber Kurt Cobain lehnt es strikt ab, das Bild zu verändern. Einen Aufkleber über der ach so schlimmen Stelle würde er nur akzeptieren, wenn darauf stünde: »Wer sich hiervon gestört fühlt, muss heimlich pädophil sein.« Also erscheint das Cover so, wie wir es kennen.

Drei Monate nach dem folgenreichen Babyschwimmen fährt Familie Spencer zufällig den Sunset Boulevard in Hollywood entlang und erblickt ihren kleinen Jungen in Überlebensgröße: An der Wand des legendären Plattenladens Tower Records hängt ein meterhohes Plakat für *Nevermind.* Weitere zwei Monate später schickt Geffen Records dem dann knapp Einjährigen eine Platinauszeichnung für das Album und einen Teddybären.

Die Nirvana-Musiker Cobain, Grohl und Bassist Krist Novoselic wiederum gehen nach der Veröffentlichung ebenfalls für Fotograf Kirk Weedle unter Wasser, und zwar samt Klamotten, Zottelhaar und sogar ihren Instrumenten. Damals sind die Jungs Anfang bis Mitte zwanzig, drei hoffnungsvolle Rocker einer kleinen Punkband aus Seattle, mit der gerade irgendetwas passiert. Wenig später führen sie, vielleicht nicht ganz freiwillig, eine popkulturelle Revolution an, die als »Grunge« in die Geschichtsbücher und Musiksammlungen eingeht. *Nevermind* hat sich bis heute weit über 30 Millionen Mal verkauft und gehört zu den erfolgreichsten Platten aller Zeiten, auf Augenhöhe mit *Appetite For Destruction* von Guns N' Roses, der schwarzen Metallica, *Brothers In Arms* von Dire Straits und *Born In The U.S.A.* von Bruce Springsteen. Das schwimmende Baby ist also ganz schön rumgekommen.

Der kleine Junge, inzwischen natürlich erwachsen, lebt heute in Los Angeles und ist nach eigenen Angaben Künstler. Auf der Brust trägt er ein großes Tattoo mit dem Wort »Nevermind«. Schon mehrmals hat er die Szene nachgestellt, mit 10, 17 und 25 Jahren, und zwar mit Badehose. Über die Jahre hat Elden allerdings auch schon mal durchblicken lassen, dass er nicht immer ganz glücklich über seinen Beitrag zu einer der wichtigsten Rockplatten ist. Im britischen *Guardian* kommentiert er 2015: »Es ist cool, aber auch sonderbar, bei so einer großen Sache dabei gewesen zu sein, an die ich mich nicht mal erinnern kann.« Weiter erzählt er davon, wie er einmal in Venedig von einem Fremden angesprochen wurde mit »Du bist das Nirvana-Baby!« und dass das berühmte Foto durchaus bei den Mädels gut ankommt, selbst wenn er das Thema von sich aus nicht anschneidet. Die Mitglieder von Nirvana hat er übrigens noch nie getroffen.

Zum 25. Jubiläum von Nevermind lässt Elden gegenüber der australischen Ausgabe des *GQ*-Magazins allerdings durchblicken, dass sich seine Einstellung über die Jahre gewandelt hat: »In letzter Zeit habe ich mich gefragt: Was ist eigentlich, wenn es mir eben nicht recht ist, dass alle Welt meinen Penis gesehen hat? Ich hatte ja keine Wahl. Irgendwie ist das Mist. Es ärgert mich, um ehrlich zu sein.« 2021, pünktlich zum 30. Jubiläum der Platte, verklagt Spencer Elden dann die überlebenden Nirvana-Musiker sowie die Nachlassverwalter von Kurt Cobain, außerdem die Plattenfirma, den Fotografen und weitere Beteiligte wegen sexueller Ausbeutung und Kinderpornografie. Er führt an, seine Eltern hätten nie eine Freigabe zu Verwendung des Fotos als Plattencover erteilt, und verlangt von allen Beklagten jeweils 150 000 Dollar wegen lebenslanger Schäden. Außerdem fordert er die Änderung des Covers bei zukünftigen Auflagen der Platte.

Nun ist es ja durchaus legitim, dass ein mutmaßliches Opfer sexueller Ausbeutung sich erst Dekaden später an die Öffentlichkeit wendet. Doch viele Juristen schätzen die Chancen der Klage als gering ein. Zum einen handelt es sich bei dem Foto nicht notwendigerweise um eine kinderpornografische Darstellung, weil es keinen sexuellen Kontext besitzt – der Junge ist einfach nackt. Zum anderen könnte die Tatsache, dass Elden das Motiv wiederholt nachgestellt und quasi gefeiert hat, seine Anschuldigungen unglaubwürdig erscheinen lassen. Dave Grohl hält sich in den folgenden Monaten zu dieser Angelegenheit eher bedeckt und reagiert unaufgeregt. Ende 2021 gibt er Folgendes zu bedenken: »Er hat ein *Nevermind*-Tattoo. Ich nicht.«

ZZ Top schicken ein rotes Ford Coupé auf die Straße

Wie macht man ein altehrwürdiges Bluesrocktrio zu Stars im MTV-Zeitalter? Natürlich mit Mädels und einem coolen Auto. So funktioniert es zumindest bei ZZ Top, als am 21. Mai 1983 zum ersten Mal »The Eliminator« vorfährt, ihr legendäres 1933er Ford Coupé in knalligem Rot. Das Gefährt wird zu einem Markenzeichen der Texaner.

Seine Jungfernfahrt hat der Wagen im Video zu »Gimme All Your Lovin'«. Darin sehen wir einen Mechaniker, der von drei feschen Damen mit dem Auto an seiner Tankstelle mitten in der Prärie besucht und verführt wird. Dazu spielen ZZ Top in staubigen Jacken und natürlich war alles nur ein Traum – oder doch nicht? Rückblickend wirkt das wie ein stereotyper Achtzigerjahre-Clip, doch eine durchgehende Erzählung ohne Konzertszenen oder Ähnliches ist damals durchaus ungewöhnlich. »Wir wollten Spaß haben und den Leuten zeigen, dass wir nicht zu ernst drauf sind«, kommentiert Schlagzeuger Frank Beard (übrigens das einzige Bandmitglied *ohne* Bart!) 2017 im *Rocks*-Magazin. »Deshalb haben wir die Mädels ins Auto gesetzt, denn wir selbst waren zu hässlich.« Das funktioniert: Der Clip läuft auf MTV in Dauerrotation und bekommt sogar mehrere Nachfolger. In »Sharp Dressed Man« arbeitet unser Held als Parkplatzwächter, diesmal helfen ihm die drei Damen aus der coolen Karre dabei, den inneren Meistertänzer zu finden. In »Legs« schließlich muss eine junge Frau Belästigungen und Demütigungen erdulden, bis die Auto-Girls ihr zu Hilfe eilen. Interessanterweise fällt die Auskopplung »TV Dinners« bei Sendern und Publikum durch, vielleicht weil der dazugehörige Clip durch die komplette Abwesenheit von Autos und Models glänzt.

All diese Songs stammen vom Album *Eliminator*, das bereits im März 1983 auf den Markt gekommen ist. Dank der erfolgreichen Singles wird es zu einem gewaltigen Hit und hat mittlerweile sogar eine Diamantauszeichnung erhalten für über zehn Millionen in den

USA verkaufter Exemplare. Auf dem Cover prangt – natürlich – das Vehikel. Doch es sind nicht nur die lustig-ironischen Clips, die den Erfolg ausmachen: Auf der Platte gehen ZZ Top neue Wege mit dem Einsatz von Sequenzern und Synthesizern. Ihr endcooler Bluesrock wird plötzlich tanzbar, was der Band ein neues und junges Publikum beschert. Das ikonische Image mit Sonnenbrillen und langen Bärten tut ein Übriges.

Die Karre fällt natürlich Autofreaks und Gearheads sofort ins Auge, weswegen der Wagen in so ziemlich allen Magazinen auftaucht, die irgendwas mit Hot Rods und Custom Cars zu tun haben. Die Band lässt sogar einige Duplikate herstellen, die mit auf Tour gehen.

Ursprünglich hatte Gitarrist und Sänger Billy Gibbons das Original von einer Frau in Tucson, Arizona, gekauft und dann nach allen Regeln der Kunst aufgemotzt. Fachleute wissen vielleicht, was ein 350-Kubikinch-V8-Motor mit einem Vierfachvergaser und einem Turbo-350-Getriebe so alles kann, für die meisten von uns klingt das ein bisschen nach Fluxkompensator. Aber so viel dürfte klar sein: Die Karre ist heiß und sieht mit dem stilisierten Bandlogo an der Seite auch so aus. Die Grafik stammt von Kenny Youngblood, der gerne als »Michelangelo des Motorsports« bezeichnet wird. Wenn schon, denn schon. Seit Gibbons eine solche Schleuder im Film *The California Kid* (1974) gesehen hatte, wollte er eine besitzen. 1983 ist es so weit und sie erweist seiner Band gute Dienste.

Auf dem nächsten Album *Afterburner* zwei Jahre später prangt der »Eliminator« erneut auf dem Cover, diesmal im Weltraum. Natürlich. Im Video zu »Sleeping Bag«, einer Hommage an Horrorfilme, dreht er ebenfalls seine Runden, auf Tour sieht die Bühne aus wie sein Armaturenbrett. Heute steht der Original-Eliminator verdientermaßen in der Rock & Roll Hall of Fame in Cleveland.

Stage Moves: Chuck Berrys »Duckwalk«, Michael Jacksons »Moonwalk« und der »Anti-Gravity Lean«

Wir kennen die »Windmühle« (Pete Townshend), den triumphal gereckten Arm (Freddie Mercury) und die Metal-Grätsche zu fliegendem Haar (alle). Der Rock 'n' Roll steckt voller ikonischer Bewegungen und Posen. Zu den klassischen »Moves« gehört insbesondere Chuck Berrys »Duckwalk«, den auch Angus Young zu seinem Markenzeichen machte. Michael Jackson hat gleich zwei Moves unsterblich gemacht: den »Moonwalk« und einen schwerkrafttrotzenden Schrägstand.

Der Duckwalk

Mitte der Fünfziger spielt Chuck Berry bereits ein paar Jahre mit seinem Trio und legt die Grundlagen für so ziemlich alles, was später im Rock 'n' Roll passiert. Aus seinem Heimatort St. Louis kommt Berry allerdings nicht so richtig aus. Bis er im September 1955 in New York City auftritt.

Im Paramount Theatre in Brooklyn findet Alan Freed's Rock And Roll Spectacular statt, eine Reihe von Shows mit den Stars der neuen Bewegung, aber auch Schnulzensänger Tony Bennett ist dabei, weil einfach noch keiner so richtig weiß, was es mit diesem Rock 'n' Roll so auf sich hat. Berry und seine Jungs stehen nicht nur ziemlich unten auf dem Billing, sondern müssen bei Ankunft in New York auch feststellen, dass ihre Anzüge unterwegs gelitten haben – völlig zerknittert! Geht natürlich gar nicht.

Also improvisiert Chuck Berry auf der Bühne, damit niemand das Malheur mitbekommt. Dazu stellt er sich seitlich zum Publikum, geht in die Hocke – und hüpft mit schwingendem Bein vorwärts oder watschelt wie eine Ente. Das Publikum flippt aus, also macht der Gitarrist es noch mal – und ein klassischer Bühnenschritt ist geboren.

Oder zumindest unter (neue) Leute gekommen: Blueslegende T-Bone Walker soll schon früher den Showfaktor seiner Konzerte hochgeschraubt haben, indem er die Gitarre hinter seinem Rücken spielte oder eben den Duckwalk machte. Chuck Berry allerdings will sich laut seiner Autobiografie bereits als Kind so bewegt haben (nur ohne Instrument), um seine Eltern zu amüsieren, etwa wenn er mit durchgestrecktem, aufrechtem Rücken in der Hocke unter einen Tisch watschelte.

Wo genau der Duckwalk in seinen zwei Varianten (Hüpfen oder Watscheln) zum allerersten Mal vollführt wurde, weiß man also nicht genau, doch ohne Zweifel sorgt Chuck Berry dafür, dass er bekannt wird. Da der erste Abend der Konzertreihe auf den 7. September 1955 fällt, kann man diesen Tag als Geburtsstunde der eigenwilligen Fortbewegung vermerken. (Manche Quellen nennen allerdings auch den darauffolgenden Abend.)

Dass Gitarrengigant Angus Young von AC/DC viel Verehrung für die frühen Rock 'n' Roller empfindet, dürfte kein Geheimnis sein. Das zeigt sich nicht nur in seinen Licks, sondern auch in seiner Bühnenshow. Der gehüpfte Duckwalk in der Vollgasvariante gehört zu seinem Standardprogramm. Um zerknitterte Klamotten macht sich bei AC/DC allerdings niemand irgendwelche Gedanken …

Der Moonwalk

Im Frühling 1983 steht Michael Jackson ganz oben. Das liegt vor allem an seinem Megaerfolg *Thriller* aus dem Vorjahr. Darauf punktet der 24-Jährige natürlich mit grandiosen Songs, doch ebenso bekannt wird er für seine Tanzeinlagen in den Videos zu »Billie Jean« und »Beat It«. Zu Jacksons Stil gehören jede Menge Kicks, Drehungen oder Stehen auf den Zehenspitzen und in den Schritt packt er sich auch gerne.

Am 16. Mai 1983 strahlt der Sender NBC eine Gala zum 25. Jubiläum des legendären Soul-Labels Motown aus. Hier führt der »King of Pop« seine Hitsingle »Billie Jean« auf und legt einen neuen abgefahrenen Move aufs Parkett: den Moonwalk. Dabei sieht er aus, als würde er vorwärts laufen, bewegt sich aber rückwärts. Einfach ist das nicht, vom Publikum gibt es dafür sogar mehrfach Szenenapplaus.

Gestandene Rocker werden vielleicht verwundert den Kopf schütteln, aber die Tanzerei spielt im Pop tatsächlich eine große Rolle. Deshalb dürfen im legendären Clip zum Song »Thriller« ein paar Monate später sogar Zombies in Reih und Glied synchron abgehen. Und auch als Tänzer ist Michael Jackson ein Meister seines Fachs.

Der Moonwalk wird zu seinem »signature move« und gehört fortan zu jeder Choreografie. Seine Memoiren von 1988 heißen *Moonwalk*, im gleichen Jahr erscheint der Film *Moonwalker* mit dem Sänger selbst in der Hauptrolle. 1990 erscheint sogar ein darauf basierendes Computerspiel namens *Michael Jackson's Moonwalker*.

Wikipedia führt für den Begriff »Moonwalk« eine ganze Liste an Bedeutungen auf. An dieser Stelle soll vor allem der gleichnamige Cocktail erwähnt werden, der 1969 anlässlich der Mondlandung erfunden wurde und angeblich der erste Drink war, den die Astronauten nach ihrer Landung verkosteten. Und er muss gut gewesen sein, denn Neil Armstrong ließ sogar einen Dankesbrief verschicken. Aber wirklich bekannt wird Moonwalk als Tanzschritt von Michael Jackson. Dabei hat er ihn keinesfalls erfunden.

Schon 1932 soll der US-amerikanische Jazzsänger Cab Calloway den Moonwalk benutzt haben. In den Fünfzigern gehört er zu einem Sketch des Komikers Dick Van Dyke namens »Mailing A Letter On A Windy Corner«, auch Stepptänzer, Pantomimen und sogar Wrestler benutzen ihn in gleicher oder ähnlicher Form schon Jahrzehnte vor Jackson. Der Tänzer Jeffrey Daniel schließlich macht den Moonwalk (auch genannt »Backslide«) schon 1979 in der Tanzsendung *Soul Train* – die Michael Jackson regelmäßig ansieht. Auch in der britischen Show *Top of the Pops* bringt Daniel den Trick.

Jackson nimmt deshalb, so heißt es, Kontakt zu Daniel auf und lässt sich die Schrittfolge beibringen, was eine Weile dauert. Im Zuge der Motown-Gala bringt er den Moonwalk dann zum ersten Mal zum Einsatz. Bei der Aufzeichnung am 25. März belegt *Thriller* gerade Platz eins der US-Charts. Bei der Ausstrahlung am 16. Mai steht das Album immer noch ganz oben – und der Moonwalk wird weltbekannt.

Der Schrägstand

Doch der Megastar geht noch weiter – und setzt sogar scheinbar die Regeln der Gravitation außer Kraft. Wir alle kennen das Video zu »Smooth Criminal«. Darin erzählt Jackson den Song als aufwendig produzierte und synchron durchgetanzte Kurzgeschichte. Eine Einlage fällt besonders auf: Nach etwa sieben Minuten lehnt sich Michael in einem Winkel von 45 Grad kerzengerade nach vorne. Wie schafft er das, ohne ganz ungalant auf die Nase zu fallen?

Natürlich mit einem Trick: Für das »Smooth Criminal«-Video benutzen Michael Jackson und seine Tänzer ein System aus Seilen und Drähten, die entweder in der Aufnahme nicht zu sehen sind oder nachträglich aus dem Bild entfernt werden. Dahinter steckt nicht wenig Aufwand, also muss für die Konzertbühne eine andere Umsetzung her. Und die sieht aus wie folgt: In der Bühne stecken Stifte, in die sich die Akteure mit speziellen Schuhen einhaken können, die eine entsprechende Kerbe im Absatz tragen. Dank dieses Tricks geht der »anti-gravity lean« schnell und vor allem problemlos auch als Teil einer laufenden Show. Die Tänzer klinken sich ein, lehnen sich vermeintlich unmöglich weit nach vorne, klinken sich wieder aus – und tanzen fröhlich weiter. Anstrengend dürfte das übrigens trotzdem noch sein, denn für die gerade Haltung ist eine ordentliche Körperspannung nötig. Für diese Technik meldet Michael Jackson mit einigen Partnern sogar ein Patent an, das ihm am 26. Oktober 1993 gewährt wird.

Die Nummer bringt er natürlich mit auf Tour. Üblicherweise lenkt nach dem zweiten Chorus von »Smooth Criminal« ein Statist mit einer falschen Dynamitstange alle Blick auf sich, während der Chef und seine Tänzer sich im Dunkeln mit den Schuhen einhaken – und den Lean durchziehen. Das sieht schon verdammt cool aus. Man kann auf vielen Videos im Netz sogar die Kerben in den Schuhen und die Stifte im Bühnenboden erkennen. Natürlich geht das auch mal schief, etwa 1997 in München, als ein Tänzer mit seinem Schuh hängen bleibt, oder 1996 in Tokio, als Jackson nach vorne fällt. Die Gravitation gilt also doch …

Die Inspiration für dieses Kunststück stammt übrigens aus einer Tanznummer von Fred Astaire namens »Girl Hunt Ballet« aus dem Film *The Band Wagon* (1953). Auch im Revuestreifen *Bühne frei für Marika* mit Marika Rökk von 1958 taucht die Pose auf. Wer den »anti-gravity lean« selbst einmal ausprobieren möchte, findet online für ein paar Hundert Dollar die spezielle Fußbekleidung dafür. Ob ihr im Club eures Vertrauens Schrauben in den Boden drehen dürft, müsst ihr allerdings selbst erfragen …

4
DIGITAL

Rock ’n’ Roll im Netz: Aufregende neue Welt, auch wenn es manchmal Streit gibt

»Screaming in digital«

Aerosmith am Cyber-Rasthof: Der erste freie Download

Der Song ist 3 Minuten und 14 Sekunden lang und nach anderthalb Stunden Wartezeit können die Fans ihn auch schon hören: Die Rede ist von einer Nummer namens »Head First« von Aerosmith, dem ersten Track einer Major-Label-Band, der jemals zum freien Download ins Internet gestellt wurde.

Damals, am 27. Juni 1994, sieht das Internet noch ganz, ganz anders aus als heute. Es gibt kaum Websites, an aufwendige Grafiken und sonstigen Schnickschnack denkt noch kein Mensch, an digitalen Musikvertrieb schon gar nicht. Wer das neue Spielzeug nutzen will, muss sich für teuer Geld mit lahmen Modems über die Telefonleitung einwählen.

Drei Herren bei Geffen Records aber, einem Sublabel des Branchenriesen Universal und Heimat von Größen wie Guns N' Roses und Nirvana, erkennen jedoch die Möglichkeiten des Netzes: Jim Griffin, Robert von Goeben und Luke Wood überzeugen Aerosmith, auf ihre Lizenzen für den Song zu verzichten, und überreden den Internetanbieter Compuserve, die Einwahlkosten von 10 Dollar pro Stunde (!) für den Download zu streichen.

Compuserve bietet damals als erster kommerzieller Anbieter Internetzugang für Privatpersonen an, während sich die Nutzung sonst auf akademische oder militärische Zirkel beschränkt. Zu den frühen Angeboten, die sich rasch großer Beliebtheit erfreuen, gehören Diskussionsforen. Hier betätigt sich auch Aerosmith-Bassist Tom Hamilton: »Ich finde es sehr anregend«, kommentiert er später in *Vice*, »mich dort mit Fans zu unterhalten.« Einmal kann er sogar klärend zur Diskussion zweier Fans beitragen, die sich über einen berühmt-berüchtigten Vorfall aus der Aerosmith-Historie austauschen: Vor der vorübergehenden Auflösung der Band 1979 soll Elyssa, die damalige

Ehefrau von Joe Perry, ein Glas Milch nach Hamiltons Herzdame Terry geworfen haben, was wiederum zu noch mehr internen Streitereien zwischen den Musikern führte. Der Bassist kann die Anekdote im Online-Gespräch jedoch korrigieren: Es handelte sich um Grapefruitsaft. Prompt debattieren die Fans, ob hinter dem Diskussionsteilnehmer wirklich der berühmte Musiker steckt.

Für das Download-Experiment zeigen sich Aerosmith auf jeden Fall generell offen. Sänger Steven Tyler sagt dazu: »Wenn unsere Fans den Informationshighway runterrasen, dann wollen wir die Band sein, die am Rasthof spielt. Das ist die Zukunft, Leute – los geht's!« Der Großteil der Branche allerdings versteht die Signifikanz dieses Vorhabens nicht oder interessiert sich nur wenig dafür. Bei den Fans sieht das anders aus: In den ersten acht Tagen greifen gut 10 000 Nutzer zu, für die damaligen Umstände eine durchaus beachtliche Zahl. Und schon 1994 werden Probleme diskutiert, die immer noch nicht aus der Welt geschafft sind: angemessene Bezahlung in der digitalen Welt und Copyrightfragen. Heute gehört Musik im Internet zum Alltag, damals betreten Geffen und Aerosmith Neuland. Zwar wählte die Band mit »Head First« nur einen Outtake vom Album *Get A Grip* aus, doch der steht fortan für einen Meilenstein in der Musikgeschichte.

YouTuberin knipst David Gilmour – ein Generationentreffen

Eine schöne Szenerie: Ein Mann in dicker Jacke lächelt an einem Strand seinem vierbeinigen Begleiter zu, im Wasser spiegelt sich die untergehende Sonne. Kein schlechtes Bild, das die Userin »Zoesugg« da am 2. März 2014 auf Instagram hochlädt. Sie betitelt es »Ein unbekannter Mann und sein Hund«.

Bei der Dame handelt sich um eine junge Britin namens Zoe Sugg, geboren 1990, die mit dem Videoblog *Zoella* über Beautyprodukte und ihren Alltag Millionen Aufrufe erzielt. Hipper formuliert: Sugg ist eine sogenannte »YouTuberin« oder »Influencerin« und offensichtlich eine gute Fotografin. Nur in Sachen Classicrock scheint sie sich nicht so auszukennen.

Denn bei dem »unbekannten Mann« auf dem Foto handelt es sich um niemand Geringeren als Pink-Floyd-Star David Gilmour. Doch offensichtlich erkennt Zoe ihn nicht, was natürlich Gemecker der Altmusikkundigen zur Folge hat. Das verstärkt sich, als Gilmours Ehefrau, die Autorin und Pink-Floyd-Texterin Polly Samson, zwei Jahre später von ihren Töchtern auf das Bild aufmerksam gemacht wird. Das führt die Rockmusikblase erst recht auf Suggs Kanal; zeitweilig wird der Hashtag #randomman sogar zum Trend auf Social-Media-Portalen.

Samson schreibt, dass Zoellas Aufnahme ihres Ehemannes sehr viel besser sei als ihre, und gibt zu verstehen, dass der Musiker von der ganzen Sache damals gar nichts mitbekommen habe: »Zugegeben, der unbekannte Mann hatte auch keine Ahnung, wer die unbekannten jungen Dinger waren. Zoella, das ist ein wunderbares Bild.« Bis auf die Trolle in den Kommentarspalten bleiben also alle britisch freundlich. Schön. Zoe Sugg selbst hatte unter ihren ursprünglichen Eintrag geschrieben: »Ich kenne diesen Mann nicht, seinen Hund auch nicht, aber ich glaube, ich habe ein paar Momente zwischen ihnen festgehalten, die zu wertvoll waren, um sie nicht zu teilen. Wenn ihr den Herrn kennt, lasst ihn wissen, dass es diese Bilder gibt. Vielleicht entlocken sie ihm ja ein Lächeln.« Auch schön.

Natürlich sind wir alle der Meinung, dass Kinder Pink Floyd schon in der Schule hören sollten, aber selbstverständlich kann man Sugg nicht übel nehmen, einen 68-jährigen Meistergitarristen im Parka nicht zu erkennen. Sie ist jünger als sämtliche Pink-Floyd-Alben bis auf *The Division Bell* (1994) und *The Endless River* (2014). Vielleicht inspiriert das Ganze ja zu einem Blick in die Plattensammlung der Eltern. Es ist nicht zu spät, Zoella!

Nachtrag: Die Episode erinnert an Billie Eilish, die in einer Talkshow angab, nicht zu wissen, wer Van Halen sind. Muss sie ebenfalls nicht. Aus der Sicht einer 2001 geborenen Sängerin ist das tiefster Classicrock von sehr viel früher und ein anderer Stil sowieso. Ihre Musik wird nicht schlechter, weil sie Van Halen nicht kennt. Besser aber auch nicht.

Metallica verklagen Napster und The Offspring drehen den Spieß um

Musik digital zu hören, ist für uns alle heutzutage normal. Gute Musik gibt es überall im Netz, ob als Stream oder Download. So einfach war es aber nicht immer. Und deshalb gab es zur Jahrtausendwende Streit …

Für die Jüngeren unter uns kommt deshalb hier ein bisschen Historie: Seit es Tonträger gibt, kopieren Fans ihre Lieblingsplatten. Die Älteren unter uns erinnern sich an Aufnahmesessions von Vinyl auf Kassette mit den Platten von den Kumpels. (Wer hier fragend guckt, darf gerne »Vinyl« und »MC« nachschlagen.) Erneute Kopien der Tapes versanken zusehends in muffigem Sound, also hatte die Verbreitung der Musik gewissermaßen eine natürliche Grenze. Man könnte es so sagen: Es war gar nicht möglich, alle coolen Platten abzugreifen und auf eine BASF CR-E II aufzunehmen, weil sich die Verfügbarkeit auf das unmittelbare Umfeld (Schulhof, Kirchengemeinde, Motorradgang, Kegelklub) beschränkte. Und dann musste man auch noch selber an die Vinylquelle rankommen, denn selbst das beste Iron-Maiden-Album macht als siebte Kopie einer siebten Kopie irgendwann keinen Spaß mehr.

Doch zur Jahrtausendwende sieht die Sache anders aus: Seit Mitte der Neunziger werden die Musikdateien mit der Erfindung des MP3-Formates klein genug, um sie unkompliziert durch das Netz zu bewegen und auf tragbaren Geräten abzuspielen. Mit den MP3s kommen auch Tauschbörsen im Internet auf, über die man weltweit, in kürzester Zeit und vor allem verlustfrei Dateien verschieben kann. Der allgemein benutzte Begriff »Tauschbörse« oder »Filesharing-Dienst« trifft hier den Kern der Sache allerdings nicht, denn genau genommen werden die Songs (und Filme) nicht getauscht oder geteilt (»shared«), sondern schlicht kopiert.

Einer der prominentesten Dienste damals heißt Napster, ersonnen 1999 vom Studenten Shawn Fanning als Peer-to-Peer-Netzwerk und gestartet am 1. Juni 1999. Dass damit viele Fans nicht mehr für die Musik bezahlen und das allgemein auch noch als Kavaliersdelikt angesehen wird, hat ziemlich heftige Auswirkungen auf das Geschäft und die Bands selbst, deren Folgen auch heute noch zu spüren sind. Den allermeisten Musikern gefällt das nicht, Lemmy von Motörhead sagt damals zum Beispiel: »Diebstahl ist Diebstahl, fertig.« Doch nur Metallica unternehmen tatsächlich etwas, nachdem sie wegen wild wuchernder Kopien ihres Songs »I Disappear« auf das Problem aufmerksam werden: Die Nummer ist noch gar nicht fertig, da laufen schon Vorabversionen auf diversen US-Radiostationen. So ein Leck allein ist schon ärgerlich genug, aber dann auch noch ein unfertiger Song? Metallica sehen genauer hin, machen Napster als Quelle aus und finden auch ihren sonstigen Katalog auf der Plattform. Daraufhin knallt's: Am 13. April 2000 verklagen sie als erste Band die Firma Napster wegen Copyrightverletzungen.

Damit hat sich die Angelegenheit natürlich nicht erledigt. Über die moralischen und juristischen Implikationen von Filesharing wird damals zu Recht viel diskutiert, doch die allgemeine Meinung lautet anfangs: »Ach was, halb so wild.« Napster selbst argumentiert, nur einen Service bereitzustellen und selbst keine Rechtsverletzungen zu begehen. (In den AGB der Firma steht übrigens, dass die Napster-Software urheberrechtlich geschützt ist und nicht kopiert werden darf.) Metallica sind deshalb juristisch gezwungen, gegen einzelne User vorzugehen, was natürlich ziemlich unschön aussieht. Am 11. Juli 2000 erklärt Drummer Lars Ulrich seine Sicht der Dinge sogar vor dem US-Senat. Er führt unter anderem das Argument an, dass seine Band kein Problem habe mit neuen Vertriebswegen für Musik, aber in diesem Fall schlicht und ergreifend nicht gefragt wurde. Was ja stimmt.

Dabei stört sich die Band nicht grundsätzlich an allen Raubkopien. Bereits 1991 hatten Metallica bei ihren Konzerten die »Tapers Section« implementiert, in der Besucher nach Belieben und völlig ungehindert den Radau mitschneiden durften. Praktischer Nebeneffekt: Die Nachfrage nach kommerziellen Live-Bootlegs verringerte sich damit signifikant, weil es so nicht nur viel mehr Aufnahmen gab, sondern die Anhänger auch umsonst an unzählige Aufnahmen rankamen, für die sie sonst auf dem Schwarzmarkt hätten bezahlen müssen.

Die meisten Fans finden das Vorgehen von Metallica gegen Napster natürlich völlig uncool. Man darf hier durchaus davon ausgehen, dass es den wenigsten um irgendwelche juristischen oder ethischen Feinheiten geht – sie wollen einfach ihr neues Spielzeug nicht verlieren.

Das Image der Band leidet darunter schwer: Viele User werfen den Musikern und der ganzen Branche reine Geldmacherei vor. Das hat zwar in juristischer oder moralischer Hinsicht bei Contentklau genau genommen keine Relevanz, führt aber zu einer Welle der Antipathie gegenüber der Band und speziell gegenüber Lars Ulrich. Ein Beispiel dafür sind die amüsanten Zeichentrickvideos von Camp Chaos (»Beer good! Napster bad!«). Selbst Lars Ulrich gibt Jahre später zu, dass Metallica die Angelegenheit PR-technisch nicht optimal gehandhabt haben.

Es gibt jedoch auch Zustimmung: Etliche Künstler schließen sich dem Widerstand gegen Filesharing-Dienste an, etwa der Hip-Hop-Gigant Dr. Dre. Andere Bands wiederum sehen das Problem nicht, wollen sich vor allem nicht unbeliebt machen oder schätzen insbesondere den Promotioneffekt der Plattform: Limp Bizkit und Cypress Hill etwa lassen sich von Napster sogar eine Tour mit Gratiskonzerten bezahlen. Auch ergeben Studien, dass Nutzer, die auf Napster Files kostenlos runterladen, mehr Geld für mehr Musik ausgeben. Chuck D von Public Enemy argumentiert, dass es wegen Napster & Co. »in zwei Jahren eine Million (neue) Künstler und Labels geben wird«.

Schlussendlich stellt sich in der folgenden Dekade aber heraus, dass Filesharing und Piraterie einen verheerenden Effekt auf die Branche, die Kreativen und damit auf die Musikkultur haben. Vereinfacht ausgedrückt: Viele kleine Gruppen, Labels und Magazine verlieren ihre Geschäftsgrundlage. Das merken die Fans: Bands machen ihre Musik nur noch nebenbei und müssen vor allem Merch verkaufen und touren wie die Wahnsinnigen, um aktiv bleiben zu können. Mit anderen Worten: Metallica hatten recht.

Rückblickend wird oft argumentiert, dass die Musikindustrie falsch auf die neuen Gegebenheiten reagiert hat. Statt zu versuchen, die Digitalisierung einzudämmen, hätte sie schneller neue darauf basierende Vertriebsmodelle entwickeln sollen. Dass das funktionieren kann, zeigen die (zumindest für die Labels) steigenden Umsätze durch Streaming und der resultierende Rückgang an Piraterie. Aber das ist eine andere Geschichte. Die Klage von Metallica und anderen jedenfalls hat Erfolg: Napster muss im Juli 2001 das gesamte Netzwerk abschalten. Heute existiert Napster weiter (oder wieder) als legaler Dienst für Streaming und Downloads von Musik und Hörspielen, analog zu Spotify, Apple Music, Deezer und anderen. Vorher wird allerdings noch mal der Spieß umgedreht …

Grundsätzlich unterstützen die kalifornischen Pop-Punks von The Offspring die neuen Dienste, obwohl ihre Musik nach dem 1994er-Hitalbum *Smash* natürlich in großem Stil kopiert wird. Das Quartett kann es sich im Gegensatz zu den Heerscharen an kleinen Bands allerdings auch leisten, seine Songs freizugeben. Auf der Bandwebsite findet sich folgende Erklärung: »The Offspring sehen die MP3-Technologie und Programme wie Napster als grundlegende und notwendige Mittel, um Musik zu fördern und eine bessere Beziehung zu unseren Fans zu pflegen.« Doch stimmt diese Einschätzung? The Offspring machen den

Test. Die Band lässt Shirts mit dem Napster-Logo drucken und verkauft sie ohne Genehmigung über die eigene Website. Allerdings sind der Name und das Logo Eigentum der Firma Napster und dürfen laut Geschäftsbedingungen nicht von Dritten verwendet werden. *MTV News* zitiert einen anonymen Offspring-Insider mit den Worten: »Das ist nur fair. Wir haben ihnen ja schon erlaubt, unseren Kram zu nutzen. Also machen wir das jetzt mit ihrem. Damit sollten sie kein Problem haben, oder?« Der Shirtverkauf sei nicht böse gemeint, heißt es weiter, aber die Reaktion könne einiges über Napster verraten. »Wenn sie uns eine Unterlassungserklärung schicken, würde das eine große Heuchelei entlarven. Wenn sie das alles aber cool finden, weil mehr Napster-Shirts in der Welt ja eine gute Sache sind, dann wissen wir: Diese Leute sind echt.« Nun darf man raten. Denkt der Softwarekonzern jetzt: »Hey, damit wird unser Name verbreitet, alles Promo, alles gut, selbst wenn andere mit unserem geistigen Eigentum Geld verdienen.« Und: »Die Band hat ja nur die Shirts mit Aufdruck zur Verfügung gestellt, die kann nichts dafür, wenn Fans das auch anziehen.« Natürlich nicht. Napster lassen The Offspring am 2. Juni 2000 tatsächlich eine Unterlassungsklage zukommen. Die Band verteidigt sich mit dem Argument, dass sie das Logo ja lediglich mit ihren Fans »geteilt« habe – und greift damit punktgenau ein faktisch falsches Argument der Firma auf. Damit dürfte klar sein, dass hinter Napster nicht die Philosophie der freien Verteilung von Kulturgütern steckt. Napster ist entstanden als handliches Kopierwerkzeug, hat nachher ein Geschäftsmodell daraus gemacht und Geld mit dem geistigen Eigentum anderer Leute verdient.

Immerhin hält der Streit mit The Offspring nicht lange an, zumal Napster bei aller Beliebtheit mit der Unterlassungsaufforderung angesichts der laufenden Klagen von Metallica, Dr. Dre und der RIAA (Recording Industry Association of America) vor einem PR- und Glaubwürdigkeitsproblem steht. Schon am 5. Juni verkünden Napster-Chef Shawn Fanning und Offspring-Chef Dexter Holland, in Zukunft gemeinsam bessere Shirts zu vertreiben und die Erlöse an ein Zentrum für vermisste und ausgebeutete Kinder zu spenden.

5 FANS

Abgefahren, was sich manche Fans so einfallen lassen

»Gonna get close to you«

Der Mann, der Nikki Sixx sein wollte

In der Welt der US-Hardrocker Mötley Crüe kommen Anzeigen, Gerichtsprozesse und andere juristische Scharmützel durchaus öfter vor. Doch die Klage eines vermeintlichen Doppelgängers im Jahr 1988 fällt schon etwas aus dem Rahmen …

Am 28. Januar 1988 reicht ein gewisser Matthew John Trippe Klage gegen Mötley-Crüe-Manager Doc McGhee ein. Trippe behauptet, von Mai 1983 bis zum April 1984 heimlich als Doppelgänger von Nikki Sixx engagiert gewesen zu sein, weil der sich von einem schweren Autounfall erholen musste. Während dieser Zeit sei Trippe mit der Band getourt, habe Songs geschrieben und aufgenommen, darunter Nummern wie »Danger«, »Knock 'Em Dead Kid«, »Girls Girls Girls«, »You're All I Need«, »Dancing On Glass« und »Wild Side«. Irgendwann habe ihn die Band wieder durch den echten Nikki Sixx ersetzt – aus der Traum also. Zudem landet Trippe wegen Beteiligung an einem Überfall im Gefängnis. Aber nun will er Bezahlung für seine Dienste.

Zwar sieht Trippe dem echten Rockstar tatsächlich ein wenig ähnlich, aber trotzdem lachen ihn Mötley Crüe und der Rest der Rockwelt erst mal aus. Trippe weist auf Fotos hin, die die Unterschiede zwischen dem echten und dem falschen Nikki zeigen sollen, etwa bei der Augenfarbe, der Gesichtsform, der Beschaffenheit der Füße und des Bauchnabels. Zudem trägt Trippe hochklassige Tattoos, die genauso aussehen wie die von Sixx zu Zeiten des Albums *Theatre Of Pain* von 1985. Er rezitiert einige Details, die augenscheinlich nur ein Insider wissen kann, etwa die Lieblingseiscreme von Gitarrist Mick Mars, und erzählt, wie Sänger Vince Neil sich mit einer Soldatin im Sunset-Strip-Club Troubadour geprügelt hat. Diese Geschichte wird erst Jahre später in der Bandbiografie *The Dirt* veröffentlicht.

Trippes Nähe zu der exklusiven und oft nur Wohlhabenden vorbehaltenen Satanistengruppe Temple of Set klingt ebenfalls mehr nach millionenschwerem Star als nach kleinem Aushilfsmucker mit Betrugsabsichten. Und: Um von seiner angeblichen Zeit bei Mötley Crüe zu profitieren, gründet der Mann eine Band namens Sixx Pakk. Einer seiner Kollegen dort erinnert sich, in einem offiziellen Dokument zu Songwriting-Credits neben dem Namen Nikki Sixx die Social-Security-Nummer von Trippe gesehen zu haben.

In Zeiten vor digitaler Bildbearbeitung und einfacher Internetrecherche macht dieses »Beweismaterial« zumindest neugierig. Das britische Musikmagazin *Kerrang!* bringt deshalb eine lange Geschichte zu dem Thema und für eine Weile einen Stein ins Rollen. Wie sich rausstellt, hatte Matthew Trippe kein einfaches Leben: Als Jugendlicher zerstreitet er sich mit seinen Adoptiveltern, kommt mit dem Gesetz in Konflikt und wird früh zum Alkoholiker. Er interessiert sich für Satanismus und fälscht Schecks seines Vaters, um sie an die Church of Satan zu schicken. Als Gitarrist ist er mittelmäßig, setzt sich aber in Erie, Pennsylvania, in einen Greyhound-Bus nach Los Angeles, um Rockstar zu werden. Dort wird er nach eigenen Aussagen in einem Klub von Mick Mars angesprochen und den Managern Doc McGhee und Doug Thaler vorgestellt, die ihm einen Vertrag vorlegen, den er mit dem Namen »Nikki Sixx« unterschreiben soll. Anschließend wohnt er angeblich mit Drummer Tommy Lee in einem Apartment und beteiligt sich am Songwriting für *Shout At The Devil* (1983).

Kenner der Crüe-Geschichte wundern sich jedoch über ein paar Unstimmigkeiten. So gab es den Autounfall des echten Sixx tatsächlich, allerdings erst im Juni 1983, also nach Trippes vermeintlichem Beitritt zur Band. Die Beziehung von Nikki Sixx mit Lita Ford während der Jahre 1982 und 1983 erwähnt Trippe mit keinem Wort. Auch fehlen Fotos und Videos von der legendären Tour mit Ozzy Osbourne Anfang 1984, die Trippes Präsenz belegen könnten. Einige der Crüe-Riffs, die er geschrieben haben will, muss er sich später von seinen Sixx-Pakk-Kollegen zeigen lassen, weil er sie »vergessen« hat.

Und ganz wirr wird es, als Trippe zwischenzeitlich sogar behauptet, der echte Nikki Sixx zu sein.

Der Fall beschäftigt noch bis 1993 Anwälte und Gerichte, wird dann aber erwartungsgemäß zu den Akten gelegt, auch weil die Anschuldigungen teilweise verjährt sind. Damit endet die kurze Phase der zweifelhaften Berühmtheit des vermeintlichen Doppelgängers, nur gelegentlich gibt er noch Interviews. Matthew Trippe stirbt Ende 2014 mit 51 Jahren an Leberversagen und hinterlässt einen erwachsenen Sohn. Zeit seines Lebens bleibt er bei seiner Geschichte.

Die Beatles-Anhängerin, die sich per Post an die Band schicken wollte

Hinter dem Begriff »Beatlemania« verbirgt sich nicht einfach die übliche Begeisterung für eine erfolgreiche Musikgruppe. Nein, damals sind die Leute wirklich durchgedreht. Den Vogel schießt dabei sicher der englische Beatles-Fan Carol Dryden ab …

Carol hat am 14. Juni 1966 die irrsinnige Idee, sich als Postpaket an die Beatles zu verschicken. Dafür spart sie ihr Taschengeld und lässt sich von befreundeten Superfans in einer hölzernen Kiste verpacken, ausgestattet mit einer Trinkflasche und ein paar Decken. Als Empfängeradresse geben sie an »Beatles, Fanclub, London« und schreiben noch »Geschenke« auf die Box. Das kann bei allem Charme natürlich schiefgehen und besonders bequem dürfte es auch nicht gewesen sein.

Glücklicherweise wird Carol entdeckt, bevor sich die Sendung von Sunderland im Nordwesten Englands auf den Weg nach London macht. Angeblich wackelt die Kiste, als sie ihre Jacke ausziehen will, manche Zeitungen deuten auch an, dass sie klopft, um auf sich aufmerksam zu machen. Dazu hat sie allen Grund: »Ich hatte nicht an

Luftlöcher oder Essen gedacht«, wird sie zitiert. »Ich wollte nur die Beatles sehen. Ich weiß nicht, was ich gemacht hätte, wenn ich wirklich bei ihnen angekommen wäre. Vermutlich wäre ich in Ohnmacht gefallen.« Das hätte auch viel früher passieren können: In der Kiste wäre das Mädchen über kurz oder lang erstickt.

Ihre Mutter wird in der Zeitung *Rochester Democrat and Chronicle* zitiert mit den Worten: »Sie ist so ein großer Fan! Als die Beatles das letzte Mal in unserer Nähe spielten, kauften wir Carol ein Ticket. Sie fand das Konzert toll, ärgerte sich aber sehr, dass die Polizei sie nicht zur Band durchließ, um nach einem Autogramm zu fragen. Ich nehme an, das hat sie auf den Plan gebracht, sich selbst nach London zu schicken.« Die Geschichte ist so abgefahren, dass man sich durchaus die Frage stellen kann, ob nicht ein PR-Trick dahintersteckt. Es finden sich Agenturmeldungen und Zeitungsberichte aus dem Sommer 1966, vor allem aus den USA sowie aus der Schweiz, wo der Tageszeitung *Blick* eine besonders schöne Schlagzeile einfällt: »Als Päckli zu den Heulern«. Zeitgenössische Quellen aus Großbritannien, dem Heimatland der »Fab Four«, lassen sich hingegen nicht oder nicht mehr finden.

Einigen Online-Retrospektiven zufolge passierte die ganze Sache sogar im Juni 1964, also zwei Jahre früher. Da befanden sich die Beatles weit weg auf Tour in Australien, also hätte Beatles-Manager Brian Epstein durchaus einen Grund gehabt, seine Schützlinge in die heimische Presse zu bringen, um nicht in Vergessenheit zu geraten. Falls die Geschichte aber wirklich 1964 passiert ist, hat Carol Dryden sich nicht nur in Lebensgefahr gebracht, sondern auch einen ganz schlechten Zeitpunkt gewählt.

Die meisten Spuren deuten allerdings darauf hin, dass sich diese Episode am 14. Juni 1966 zugetragen hat. Zu dem Zeitpunkt hielten sich die Beatles kurz vor einer Deutschlandtour womöglich wirklich in London auf. Was aus Carol Dryden geworden ist, scheint niemand zu wissen. Vielleicht sitzt sie ja in irgendeinem Schaukelstuhl und schmunzelt, wenn ihre Enkelkinder im Teenageralter mit leuchtenden Augen von ihren Lieblingsstars erzählen …

Der Schüler, der wegen eines Korn-Shirts suspendiert wurde

> *Im Land der unbegrenzten Möglichkeiten gehören strenge Kleidervorschriften an Schulen zum Alltag. »Freedom of Speech« heißt eben noch lange nicht »Freedom of my Lieblingsshirt«. Und so werden Klamotten wie Tanktops oder Miniröcke in den Schulregeln häufig als unpassend eingestuft, ebenso Leibchen, auf denen beispielsweise Zigaretten zu sehen sind, von »Haschgift« und anderen Erwachsenenaktivitäten ganz zu schweigen. Teenager, die nicht regelkonform gekleidet sind, schickt man zum Umziehen nach Hause. Oder sie werden gleich vom Unterricht suspendiert.*

Genau das passiert dem 18-jährigen Eric VanHoven aus dem US-Bundesstaat Michigan im März 1998, allerdings nicht, weil auf seinem Hemd geraucht, gekifft oder gesoffen wird oder das Shirt gar einen seiner Nippel entblößt. Nein, Eric VanHoven wagt es, ein Shirt mit dem Schriftzug der Nu-Metaller Korn zu tragen. Skandal!

Die stellvertretende Direktorin der Zeeland High School, Gretchen Plewes, verweist den Jungen wegen dieser Ungeheuerlichkeit einen ganzen Tag des Unterrichts und begründet das harte Durchgreifen später gegenüber einer regionalen Zeitung so: »Korn sind unanständig, vulgär, obszön und wollen beleidigen.« Den Bandnamen auf der Kleidung zu zeigen, bedeute nichts anderes, »als einen Mittelfinger auf dem Shirt zu zeigen«. Das sieht die Band natürlich anders: Ziemlich verärgert ob dieser Äußerungen schicken die Musiker ihr Anwaltsbüro los und erwirken eine Unterlassungserklärung. Sie verbieten der Direktorin, ihre »verleumderischen Kommentare über die

Band« weiter zu verbreiten. Außerdem drohen sie der Schulbehörde, der Schule und Gretchen Plewes selbst mit einer Millionenklage. Sänger Jonathan Davis sagt dazu: »Unsere Band steht für etwas. Wir vermitteln unseren Fans Positives. Als wir von der Sache gehört haben, wollten wir uns nicht nur hinter die Schüler stellen, sondern auch der Schulbehörde eine klare Ansage machen. Es geht gar nicht, wie mit den Kids umgegangen wird und wie Korn als Künstler und als Menschen diskreditiert werden.« Die Formation verspricht außerdem, bei Erfolg der Klage das Geld an Vereine gegen Kindesmissbrauch und die Bürgerrechtsorganisation American Civil Liberties Union zu spenden.

Doch so weit kommt es nicht: Die Zeeland High School und Korn einigen sich außergerichtlich. Die Band lässt schließlich vor der Schule kistenweise T-Shirts verteilen, selbst die Polizei soll dabei geholfen haben. Eric VanHoven und der Rest seiner Klasse wollen nach der ganzen Sache allerdings austesten, wie strikt die Schule angesichts von Shirts anderer Bands verfahren wird. Das Resultat: Eric muss erneut zwei Tage zu Hause bleiben, weil er ein Tool-Leibchen trägt. Bis heute tauchen auf eBay gelegentlich Korn-Shirts auf, die auf das »First Amendment« der US-Verfassung verweisen – auf die Meinungsfreiheit.

Der Mötley-Crüe-Fan, der sich selber anzündete

> *Der zwölfjährige Brian Tucker aus Florida findet Mötley Crüe großartig. So großartig, dass er am 17. Februar 1988 eine besonders coole Szene aus dem Video zu »Live Wire« nachstellen will. In dieser Szene steht sehr dramatisch die Lederhose von Bassist Nikki Sixx in Flammen …*

»Live Wire« ist der erste Song der ersten Mötley-Crüe-Platte, ein früher Klassiker, der seit 1981 zum Standardprogramm der Band gehört. Zu den Hochzeiten der Kapelle während der Achtziger läuft der, nun ja, preisgünstig produzierte Clip ständig neben den aktuellen Hits im Musikfernsehen. Das sieht auch der kleine Brian. Vor allem eine Szene zum Schluss, etwa bei Minute 2:20, hat es ihm angetan: Hier reckt Nikki Sixx seinen Bass in die Höhe, er trägt eine knallrote Lederhose und kniehohe schwarze Stiefel – an denen Flammen emporlodern! »Heißer Scheiß!«, denkt sich der kleine Brian vermutlich und schüttet Reinigungsalkohol über seine Hose. Dann zündet er sie an. Keine gute Idee.

Selbst als der Junge sich auf dem Boden wälzt, gehen die Flammen nicht aus. Zum Glück steht die Badewanne des Hauses noch voller Wasser, also wirft sich Brian kurz entschlossen hinein. Trotzdem muss er mit Verbrennungen zweiten Grades an Beinen, Bauch und Brust ins Krankenhaus. Aua.

Der Vorfall findet sich natürlich am nächsten Tag in der Lokalzeitung *The Sun-Sentinel*. Laut einem darin zitierten Feuerwehrmann dachte der Junge nicht daran, dass er sich wehtun würde – schließlich habe sich der Mann im Video auch nicht verletzt. Es meldet sich zudem ein gewisser Dr. Thomas Radecki zu Wort, Präsident der »National Coalition on Television Violence«, ein Psychiater, der unter anderem von sich reden machte, weil er dem Fantasy-Rollenspiel *Dungeons & Dragons* eine selbstmörderische Wirkung zuschrieb.

Dr. Radecki verkündet, Mötley Crüe würden regelmäßig die gewalttätigsten Clips überhaupt drehen. »Wir sehen immer wieder das gleiche Muster. Das hier ist nur einer der vielen Hundert Vorfälle dieser Art. Es ist äußerst unverantwortlich von der Musikindustrie, solches Material zu veröffentlichen.« Das Statement amüsiert natürlich angesichts der Tatsache, dass die Band 1988, zu den Glanzzeiten des hedonistischen Hair Metal, vor allem auf und mit Motorrädern und Models zu sehen ist und zum harmlosen Ende des Metal-Spektrums zählt. Auch der »Live Wire«-Clip von 1983 glänzt eher mit billigen Geisterbahnrequisiten, selbst geschnitzten Pentagrammen und vielen bösen Blicken. (Einzige tatsächlich kontroverse Ausnahme in der Videografie der Band: Das Filmchen zur Ballade »You're All I Need« von 1987 wird von MTV nicht ausgestrahlt, weil darin die Geschichte eines Mordes thematisiert, die Tat aber nicht gezeigt wird. Dazu sagte Sixx: »Die Sechsuhrnachrichten sind schlimmer.«)

Wie es Brian Tucker heute geht, lässt sich nicht herausfinden, aber gehen wir mal davon aus, dass er die Episode überlebt hat.

6

LIEDER, PLATTEN, KONZERTE

Die Dinge, auf die es wirklich ankommt: gute Lieder und gute Shows

»Sing me a song, you're a singer«

24 Stunden »Stairway To Heaven« und der Teufel im Rückwärtsgang

Natürlich gehört »Stairway To Heaven« zu den besten Rocksongs des Planeten. Natürlich haben wir ihn alle womöglich ein paarmal zu oft gehört, aber großartig bleibt die Nummer trotzdem. Doch was ein Radiosender im Süden der USA am 23. Januar 1991 durchzieht, sprengt bei aller Liebe zu Led Zeppelin dann doch den Rahmen. Andere hören sogar Satan heraus.

Mit New-Age-Musik scheint in Albuquerque, New Mexico, nicht viel zu holen zu sein. Deshalb krempelt der Sender KLSK FM Anfang 1991 sein Programm radikal um und spielt fortan nur noch Classicrock. Damit das aber überhaupt jemand mitbekommt, verkündet der Betreiber, ein Herr namens John Sebastian (nicht der Hippiemusiker von The Lovin' Spoonful) seine Botschaft mithilfe einer besonderen Maßnahme: Er spielt ein Kronjuwel des Classicrock, »Stairway To Heaven« von Led Zeppelin, einen Tag und eine Nacht lang. Pausenlos. Alle acht Minuten von vorne.

Vermutlich dauert es ein paar Durchläufe, aber irgendwann klingeln die Telefone, und Hunderte Hörer beschweren sich. Interessanterweise schalten viele aber nicht um, weil sie wissen wollen, wann KLSK endlich den Song wechselt. Sogar die Polizei taucht auf, weil ein Zuhörer behauptet, der DJ habe eine Herzattacke erlitten. Und weil damals gerade seit einer Woche der zweite Golfkrieg wütet, macht sich das Gerücht breit, die Radiostation sei von irakischen Terroristen eingenommen worden, geschickt von Diktator Saddam Hussein, der – angeblich – ein großer Fan von Led Zeppelin gewesen sein soll.

In einem Interview mehr als 20 Jahre später bestätigt John Sebastian diese Ereignisse. Vor allem freut er sich darüber, dass sein Coup glückte und die Leute damals über seinen Sender KLSK und das neue Programm sprachen. »Die ganze Sache hat uns beim Neustart sehr geholfen. Wir sind von ziemlich weit hinten in der Rangliste der Sender in der Region in kürzester Zeit bis auf Platz zwei gestiegen.« Wie oft »Stairway To Heaven« damals tatsächlich gelaufen ist, kann niemand mehr sagen. Rein rechnerisch passt das Stück 179 Mal in 24 Stunden, und das dürfte selbst für den passioniertesten Fan eine Überdosis bedeuten, Klassiker hin oder her. Wie schrieb der Blog *Society Of Rock* so schön: »Wir könnten absolut verstehen, wenn in New Mexico niemand mehr jemals wieder ›Stairway To Heaven‹ hören will.«

Das geht sogar mitunter Robert Plant so, dem Sänger und Texter dieses wunderbaren Liedes. Als der nämlich eines Tages in Portland, Oregon, im Auto sitzt, hört er im Radio das Angebot des DJs, nie wieder »Stairway To Heaven« zu spielen, wenn genug Spenden für das hörerfinanzierte Programm zusammenkommen. Plant, ohnehin beeindruckt von der mainstreamfreien Musikauswahl, stiftet sage und schreibe 10 000 Dollar. Als man ihn später nach dem Grund fragt, entgegnet er nur, dass er den Song zwar möge, aber ihn halt schon mal gehört habe …

Zum ersten Mal live spielt die Band das Lied 20 Jahre vorher, nämlich am 5. März 1971. Da starten Led Zeppelin eine Tour in vergleichsweise kleinen Hallen, um nach Jahren riesiger Arenakonzerte die direkte Verbindung zum Publikum wiederzufinden. Die Ulster Hall von Belfast wird Schauplatz der Erstaufführung von mehreren Stücken des kommenden Albums *Led Zeppelin IV*, darunter auch »Stairway To Heaven«. Doch der zukünftige Klassiker findet nicht sofort Zustimmung, zumindest nicht überall. Zwar berichtet der *New Musical Express* von einer »wunderschönen Nummer«, die sich zu einem »atemberaubenden Höhepunkt« aufbaut, bei dem »alle durchdrehen«. Doch manche Fans finden laut anderen Berichten die Nummer »zu balladesk« und auch Bassist John Paul Jones erinnert sich: »Die Leute haben sich gelangweilt, weil sie etwas hören wollten, das sie kennen.«

Was die Leute übrigens auch hören in dem Stück, sind schlimme satanische Botschaften! Jawohl, »Stairway To Heaven« beschwört den Teufel in perfide versteckten Sätzen wie »So here's to my sweet satan. I want to live it backwards like the Zep whose power is satan. He will give, give you 666.« Wirr, nicht wahr? Dass so etwas tatsächlich hinter der Passage mit »bustle in your hedgerow« stecken soll, erkennt man allerdings nur, wenn man die richtigen Stellen der Nummer rückwärts laufen lässt. So behauptet es zumindest Anfang 1982 ein US-amerikanischer Fernsehprediger namens Paul Crouch und er geht noch weiter: Angeblich soll das menschliche Unterbewusstsein die schändlichen Worte selbst in normaler Laufrichtung wahr- und aufnehmen. Das wiederum nutzen laut Crouch die Mächte des Bösen, mindestens aber diese zotteligen Rockbands, um sich die Menschheit untertan zu machen, auf dass sie dem Gehörnten anheimfalle. Und bei Dauerbeschallung ist man auf jeden Fall verloren. Led Zeppelin würden ihre infernalischen Absichten nicht mal verstecken, heißt es; im Textblatt steht ja sogar schon der Hinweis: »Sometimes words have two meanings«! Herrgott hilf!

Allerdings braucht man eine gute Fantasie, um diese undeutlichen Botschaften tatsächlich als echte Sätze zu identifizieren. In den Siebzigern und Achtzigern benötigte man zudem noch ein Abspielgerät, das die Wiedergaberichtung änderte, oder ein, zwei Ersatznadeln für den Plattenspieler, wenn man das Vinyl von Hand rückwärts bewegte. Was Leute dann wirklich heraushörten, unterschied sich mitunter; in einer Umkehrung kommt sogar angeblich ein »tool shed«, also ein »Werkzeugschuppen« vor, in dem Satan seinem schändlichen Treiben nachgeht. Wie praktisch und irgendwo muss die Hölle auf Erden ja anfangen. Insbesondere die christliche Rechte in den USA steigt auf diesen Zug auf, verteufelt (haha) alle Rockmusik und fährt meist selbst ernannte »neurowissenschaftliche Forscher« auf, die die Wirksamkeit des Umkehrtricks belegen sollen. Der erhält den Namen »Backmasking«, manchmal auch »Backward Masking« (obwohl damit eigentlich andere Wahrnehmungseffekte bezeichnet werden).

Populär wurde diese Studiotechnik durch die Beatles, die schon 1966 auf ihrem Album *Revolver* damit experimentiert hatten. In der Folge nutzen unzählige Bands die Technik – als Soundspielerei, als Witz, als Schutz vor Zensur oder als satirische Reaktion auf Anschuldigungen. Im Allgemeinen geht die Wissenschaft davon aus, dass vermeintlich deutlich erkennbare Sätze im Rückwärtsgang entweder schlicht phonetische Zufälle sind oder Beispiele für sogenannte »Pareidolien« – so nennt man die Tendenz des menschlichen Hirns, in bedeutungslosen Datenströmen bekannte Muster zu erkennen.

Anfang der Achtziger gipfelt die Affäre um »Stairway To Heaven« und andere Songs sogar in Gesetzesvorlagen, die eine Kennzeichnungspflicht für Rückwärtsbotschaften verlangen, aber nicht weit kommen. Swan Song Records, das Label von Led Zeppelin, kommentiert die Anschuldigungen nur kurz: »Unsere Plattenspieler drehen sich nur in eine Richtung – vorwärts.«

Wie »Ring Of Fire« beinahe für Popocreme warb

Es passt wie Arsch auf Eimer: »Ring Of Fire« in einem Werbespot für Hämorrhoidencreme. Kann man sich nicht ausdenken. Doch die Familie von Johnny Cash sitzt nicht lange auf der brennenden Frage, ob da etwas Gutes herauskommt …

Der Klassiker von Johnny Cash und seiner Frau June Carter Cash mag zwar von brennender Liebe handeln, doch seit der Veröffentlichung im April 1964 reißen die Scherze nicht ab, dass es hier vielleicht doch um die Folgen scharfen Essens geht. Eine TV-Produktionsfirma denkt da in eine ähnliche Richtung und plant, den Countryhit in einem Werbefilmchen für eine Hämorrhoidencreme einzusetzen. Sula Miller von Big Grin Productions in Florida kommt auf die Idee, weil sie selbst oft die Unbill dieser Erkrankung aussitzen muss. »And it burns, burns, burns, that ring of fire …« – besser geht's fast nicht.

Der *Ottawa Citizen* beschreibt, wie der Clip angeblich aussehen sollte: »Die Kamera schwenkt über ein Apartment, ›Ring Of Fire‹ läuft im Hintergrund. Man sieht einen Aktenkoffer und Schuhe verteilt auf dem Boden. Plötzlich öffnet sich die Tür zum Bad und eine erleichtert wirkende Frau in einem Business-Outfit kommt heraus. Hinter ihr liegt eine Tube von Preparation H auf dem Waschbecken. Der Spot endet mit einer Nahaufnahme der Tube.«

Merle Kilgore, mit dem June Carter Cash das Lied einst komponiert hatte, scheint der Gedanke jedenfalls keine Schmerzen zu bereiten. Auf seinen Konzerten widmet er das Stück oft den Herstellern von Preparation H, ebenjener populären Salbe für Poposchmerz.

Doch Cashs Nachfahren halten davon überhaupt gar nichts. Insbesondere seine Tochter Roseanne macht klar: Die Idee ist für den Arsch. Gegenüber der Zeitung *The Tennesseean* aus Nashville erklärt sie: »Kilgore hat angefangen, über diese bescheuerte Verbindung zu reden, ohne irgendwen von uns zu kontaktieren. Der Song handelt von der verändernden Kraft der Liebe, und das wird er für mich und die Cash-Kinder immer tun. Wir werden nie erlauben, dass das Lied so entwürdigt wird.« Andere Medien wie CBS und die BBC greifen die Angelegenheit ebenfalls ab dem 17. Februar 2004 auf, auch der deutsche *Spiegel* berichtet.

Dieser Klaps auf den Hintern wirkt. Merle Kilgore erklärt: »Ich wollte die Cash-Familie sicher nicht verärgern, denn ich liebe sie alle. Ich fand das einfach witzig.« Weil die Nachkommen von June Carter Cash allerdings ein Vetorecht besitzen, ist die Sache damit vom Tisch.

Nichtsdestotrotz muss man, wie so oft im Leben, darüber nachdenken, was hinten rauskommen kann. Viele Musiker, die finanziell nicht auf Rosen gebettet sind und vor beißenden Problemen stehen, würden sich über die monetäre Linderung freuen, die der Einsatz ihrer Kompositionen in einem Werbespot mit sich brächte. Wie der britische *Telegraph* berichtet, sollen etwa die Rolling Stones satte 500 Millionen pro Jahr von Microsoft für die Nutzung ihres Gassenhauers »Start Me Up« eingestrichen haben. Auch Madonna konnte einen Batzen Geld einfahren für den Einsatz von »Dress You Up« in einem Spot der Klamottenmarke Gap. »Eye Of The Tiger« von Survivor lief in einem Jingle der Tankstellenkette Esso.

Die Wahrheit über Ernie und den »Quietscheentchen-Song«

Diesen Künstler kennen wir wirklich alle: Ernie aus der Sesamstraße. Am 25. Februar 1970 singt der US-Amerikaner zum ersten Mal sein wohl bekanntestes Stück, den »Quietscheentchen-Song«. Die Nummer erreicht Platz 16 der US-Charts. Nebenbei agiert Ernie weiter als Schauspieler in der Sesamstraße. Nur böse Zungen behaupten, er sei in Wirklichkeit eine Handpuppe.

Zu Beginn der Siebziger tritt Ernie regelmäßig als Protagonist der Reality-TV-Serie *Sesame Street* auf, die unter anderem das Alltagsleben der WG zeigt, in der der Künstler mit seinem Kumpel Bert wohnt. In einer Episode am 25. Februar 1970 nimmt Ernie ein Bad und lässt, wie es viele der ganz Großen tun, seiner Inspiration freien Lauf. Er singt ein Lied zu Ehren seiner Badebegleitung, einer gelben Quietscheente. So entsteht das Stück »Rubber Duckie«, zu Deutsch: »Der Quietscheentchen-Song«.

Was als kleine musikalische Begleitung eines Waschgangs begann, entwickelt sich zu einer überraschend erfolgreichen Sternstunde der Populärmusik. Das liegt zum einen natürlich an der cleveren Melodieführung und dem äußerst griffigen Refrain. Aber das Stück geht tiefer: Der bis dahin wenig bekannte Musiker entschlüsselt darin geradezu existenzphilosophisch das menschliche Dasein, wie manche Rezensenten finden. Gleichzeitig hievt er gewissermaßen »en passant« das Genre des Dadaismus auf eine höhere Stufe – große Kunst, wir wissen es alle. Vor allem ist »Rubber Duckie« einfach ein tolles Lied. Mancherorts wird es in einem Satz mit Meisterwerken wie »Yesterday«, »Billie Jean« und »Stairway To Heaven« genannt, allerdings meist spätnachts in halblegalen Rauschzuständen.

Die Menschen vor den Fernsehern zeigen sich im Februar 1970 so begeistert, dass das Lied als Single veröffentlicht wird – und am 26. September einen sagenhaften 16. Platz der Charts erreicht. Eine stolze Leistung für einen bis dahin weitestgehend unbekannten Sänger und Schauspieler. Mehr noch: Das Stück erhält im Folgejahr sogar eine Grammy-Nominierung in der Kategorie »Beste Aufnahme für Kinder«, verliert allerdings gegen das Album *The Sesame Street Book & Record* – welches den Song als finalen Track enthält. Die Kategorie »… für Kinder« mag verwundern, doch auf dieser Platte, die weitere Lieder aus der TV-Show zusammenfasst, verarbeiten die Künstler Einflüsse aus dem Bereich »Kindermusik« – eine ironische Brechung, die in den clevereren Bereichen der Popkultur durchaus gang und gäbe ist. Das Feuilleton jubelt, vermutlich zumindest.

Es folgen weitere Stücke zum Thema namens »Do De Rubber Duck« und »D-U-C-K-I-E«, 1988 wird die Kollaboration »Put Down The Duckie« von Ernie mit Hoots the Owl ausgestrahlt. Im Jahr 1995, ein Vierteljahrhundert nach der Erschaffung des Liedes, zollt Musikikone Little Richard dem Werk Tribut mit einer Rock-'n'-Roll-Version, die ebenfalls in der *Sesamstraße* ausgestrahlt wird. Das entgeht dem Rest der Welt nicht, auch eine deutsche Version erfreut Kinder und Große hierzulande. Ernie selbst bleibt trotz all seines Erfolgs auf dem Teppich, wohnt weiter mit seinem Kumpel Bert in der WG und arbeitet als Schauspieler.

Natürlich ruft eine solche Geschichte auch Trittbrettfahrer auf den Plan. Auf Gerüchte, dass in Wirklichkeit ein New Yorker Songwriter namens Jeff Moss hinter der Komposition steckt und ein mittelloser Puppenspieler namens Jim Henson die Gesangsspur aufgenommen haben soll, möchten wir an dieser Stelle nicht eingehen. Viele Fachleute forschen zudem weiter nach der wahren Identität der ersten Quietscheente, die bis heute im Unbekannten lebt. Das Vermächtnis des »Quietscheentchen-Songs« besteht indes weiter.

Alles an einem Tag

Drei große Bands packen sich den Stundenplan voll: Sie spielen an einem Tag gleich mehrere Shows in einer Stadt, in einem Land oder sogar auf drei Kontinenten. Ein Rückblick auf hektische 24 Stunden für Def Leppard, Status Quo und Metallica.

Die Hardrocker Def Leppard konnten im Laufe ihrer Karriere schon einige Rekorde aufstellen, von denen die meisten mit den gewaltigen Verkaufszahlen ihres vierten Albums *Hysteria* von 1987 zu tun haben. Doch Mitte der Neunziger kommt noch eine Bestleistung hinzu. Am 23. Oktober 1995 nämlich geben die Briten an einem Tag drei Konzerte auf drei Kontinenten – in Afrika, Europa und Nordamerika. Anlass ist die Veröffentlichung ihres ersten Best-of-Albums *Vault*. Los geht es in der marokkanischen Stadt Tanger. Dort spielen Def Leppard kurz nach Mitternacht in einer Höhle ein 45-minütiges Akustikset. Ganz glatt läuft die Aktion nicht: Die Show startet mit einer halbstündigen Verspätung, schon hier ist Sänger Joe Elliott wegen einer Erkältung heiser. Zudem fehlt ein Bass von Rick Savage, weswegen die Stadt nach einem passenden Ersatz abgesucht werden muss.

Ein bisschen Freizeit bekommen die Musiker aber anscheinend schon, denn es existieren Bilder von diesem Trip, die zum Beispiel Gitarrist Phil Collen auf einem Kamel zeigen. Doch nach der Show tickt die

Uhr, deshalb geht es rasch zurück nach London, wo dieselbe Uhrzeit gilt wie in Tanger (Flugzeit: 2 Stunden, 45 Minuten). Dort geben sie vor ein paar Hundert Fans in einem kleinen Club ein weiteres Akustikkonzert. Die Show beginnt um kurz vor zwölf Uhr mittags, also zu einer für alle Beteiligten sicher ungewohnten Zeit.

Anschließend besteigt die Band ein Concorde-Überschallflugzeug und fliegt fast zehn Stunden nach Vancouver in Kanada, für eine weitere Unplugged-Show gegen 22 Uhr Ortszeit, also immer noch am 23. Oktober. Damit steht der Rekord, höchstoffiziell bestätigt und im *Guinness Book of Records* eingetragen. Insgesamt sind seit dem ersten Song 30 Stunden vergangen, in denen Musiker und Crew fast 10 000 Kilometer zurückgelegt haben. Uff.

Was dem Ganzen aber die Krone aufsetzt: Am nächsten Tag schon fliegen Def Leppard von Vancouver nach Singapur. Das dauert … 22 Stunden. Wahnsinn, selbst wenn weltweit tourende Musiker ein bisschen Reiserei gewohnt sein dürften. »Irgendwo habe ich dabei einen Mittwoch verloren«, kommentiert Joe Elliot. »Würden wir das noch mal tun? Ja. Würden wir das nächste Woche noch mal tun? Auf überhaupt gar keinen Fall.«

Rockin' All Over Great Britain

Einen ähnlichen Rekord stellen Status Quo bereits vier Jahre vorher auf: Die britische Boogie-Brigade bleibt dabei zwar im eigenen Land, ballert aber am 21. September 1991 gleich vier große Arenakonzerte runter – in nur elf Stunden und elf Minuten.

Damit die Band das nicht unaufgewärmt tun muss, startet sie ihre Rundreise sogar mit einem weiteren Auftritt, einer Playback-Aufzeichnung für die Sendung *Going Live!* der BBC. Danach stehen die »richtigen« Konzerte in Sheffield, Glasgow, Birmingham und London auf dem Programm. Die Statistiken dazu machen deutlich, welch stolze Leistung für Tourmanagement und Bühnenlogistik dahintersteckt: 62 Gitarren, 60 Trommeln, 200 Verstärker, 165 Becken, 2 000 000 Watt Leistung, 25 000 Scheinwerfer, 250 Crewleute, 8 Hubschrauber, 5 Jets, 20 Limousinen und 16 Polizeieskorten. Ein Jahr Vorlaufzeit hatte der Rekordversuch verschlungen, der vor allem das damals neue Album *Rock 'Til You Drop* bewerben sollte. Die Tickets waren Monate im Voraus ausverkauft.

Als Status Quo spät in der Nacht in der Londoner Wembley Arena mit nur 50 Minuten Verspätung den letzten Ton spielen, haben sie einen offiziellen Weltrekord aufgestellt. Wie sich herausstellt, hilft das den Verkaufszahlen des Albums zwar nicht, aber Francis Rossi, Rick Parfitt und ihre Kollegen nehmen zwei Millionen britische Pfund für hilfsbedürftige Kinder ein. Applaus. 2005 halten sie sogar ein weiteres Mal Einzug in das *Guinness Book of Records* – mit der stolzen Zahl von 61 Charthits im Laufe ihrer Karriere.

Thrash Metal in der Stadt der Liebe

Metallica machen es sich am 11. Juni 2003 einfacher als ihre Mitbewerber: Sie spielen ebenfalls drei Shows an einem Tag, bleiben aber in einer Stadt – nämlich in Paris. Der Startschuss fällt um 13 Uhr im winzigen Club La Boule vor höchstens 120 Leuten. Der Laden ist so klein, dass die Band durch das Publikum auf die Bühne gehen muss. Metal zur Mittagszeit, eine intimes Thrash-Matinee sozusagen.

Um 18 Uhr geht es vor 1500 Fans im Le Bataclan weiter, abends um 22 Uhr schließt der Konzertreigen im Le Trabendo, Kapazität 700. Das macht unterm Strich weniger als 2500 Gäste.

Womöglich stehen bei Metallica, damals schon veritable Superstars, sonst mehr Leute auf der abendlichen Gästeliste als an diesem Mittwoch vor den drei Bühnen in Paris. In internationale Bestenlisten schafft es die Band damit zwar nicht, aber dafür – man muss da praktisch denken – haben sie auch weniger Fahrerei.

65 nackte Frauen steigen für Queen in den Sattel

Bereits seit 1973 nehmen die großen Queen für ihre Singles kleine Filmchen auf. »Pop Promos« nennt man das damals und oft gibt es so was noch nicht. Erst nachdem die Band 1975 mit »Bohemian Rhapsody« auch dank des Videos einen Hit landet, nehmen sich Plattenfirmen und Musiker verstärkt dieser künstlerischen Form samt all ihrer Marketingmöglichkeiten an. Doch 1978 sorgen Queen mit dem Clip zu »Bicycle Race« für das erste kleine Skandälchen des neuen Mediums.

Am 17. September 1978 scheint die Sonne über dem Wimbledon-Stadion im Südwesten Londons. Queen haben die Anlage für den Tag gemietet, dazu mehrere Dutzend Fahrräder. Darauf sitzen 65 professionelle Models, allesamt attraktive junge Frauen – und alle splitterfasernackt, sieht man von Schuhen, Socken und dem gelegentlichen Hut ab.

Regisseur Denis de Vallance lässt sie im Kreis radeln, in die Kamera lachen und ausgiebig mit den Fahrradklingeln, nun ja, klingeln. Aus diesen gut gelaunt wirkenden Szenen und einer Performance der Band schneidet er das Promovideo zur neuen Queen-Single, ein kleines Filmchen mit einem tollen Song und gelegentlicher nackter Haut. Keine große Sache – denken zumindest Queen und der Regisseur.

Doch etliche Fernsehformate und Sender weigern sich, das Filmchen auszustrahlen, oder verlangen eine entschärfte Version mit diversen Verschleierungen an signifikanten Stellen. Anders gesagt: mit Fahrrädern, aber ohne nackte Popos. Damit ist es nicht getan: Als die Verleihfirma erfährt, wofür ihre Drahtesel verwendet wurden, verlangt sie von Queen, sämtliche Sättel zu bezahlen. »Bicycle Race« erscheint am 13. Oktober als Doppel-A-Seiten-Single mit dem Stück »Fat Bottomed Girls«. Beide Nummern stammen vom siebten Queen-Album *Jazz*, das vier Wochen später in die Läden kommt. In Großbritannien erreicht die Single Platz 11, in Deutschland Platz 27. Natürlich ziehen ein paar Moralapostel auch angesichts des Artworks die Augenbrauen hoch, obwohl die radelnde Dame darauf nur von hinten zu sehen ist und einen Slip trägt.

Ein alternatives Cover zeigt gleich mehrere Hintern und Brüste und da hört in einigen Teilen der USA natürlich der Spaß auf. Der Erstpressung des Albums liegt dieses Foto noch als Poster bei, spätere Editionen enthalten ein Bestellformular. Ob das Plakat dann in einem neutralen Päckchen in braunem Packpapier geliefert wurde, lässt sich heute nicht mehr eruieren.

Es existieren mehrere Versionen des Clips, in denen die nackigen Radszenen entweder zu sehen sind, verschleiert oder ganz weggelassen wurden. In Ländern wie China soll das Video auf den üblichen Kanälen sogar gesperrt sein. Über die fehlenden Fahrradhelme hat sich übrigens noch niemand aufgeregt.

Die Idee zu »Bicycle Race« kam Freddie Mercury übrigens, als die Tour de France 1978 durch Montreux zog, wo Queen damals am Album *Jazz* arbeiteten. Brian May gab später zu Protokoll, dass der Text nicht autobiografisch zu verstehen sei, denn Freddie würde nicht mal gerne Fahrrad fahren. Auch die kleine popkulturelle Referenz in der Zeile »Jaws was never my scene / and I don't like Star Wars« entspreche nicht der Wahrheit.

Die Radlerinnen betätigen im Clip die Klingeln übrigens nicht ohne Grund: »Bicycle Race« dürfte der erste (und womöglich einzige) Rocksong sein, dessen Gitarrensolo von einem Orchester aus Fahrradklingeln eingeläutet wird …

Maiden machen's mysteriös: Wer ist Benjamin Breeg?

»The Reincarnation Of Benjamin Breeg« heißt 2006 eine neue Single von Iron Maiden, übersetzt »Die Wiedergeburt des Benjamin Breeg«. Das macht die Fans natürlich neugierig: Wer ist dieser Benjamin Breeg, warum wird er wiedergeboren und warum singen Maiden drüber? Es taucht sogar eine mysteriöse Website auf, auf der es um einen verschwundenen Mann und seine düsteren Gemälde geht …

Auf dieser Seite, die die Anhänger der legendären Heavy-Metal-Band natürlich umgehend aufstöbern, sucht ein Cousin von Benjamin Breeg nach seinem verschollenen Verwandten, von dem er ein Foto in den Hinterlassenschaften seiner verstorbenen Großmutter entdeckt hat. Der Cousin bittet um Mithilfe und veröffentlicht eine Biografie von Benjamin: Danach kommt dieser am 3. September 1939 zur Welt, also an dem Tag, an dem England in den Krieg gegen Nazideutschland eintritt. Nach dem ungeklärten Feuertod seiner Eltern 1947 wächst der junge Benjamin in einem Waisenhaus auf und zeigt sich früh fasziniert von Religion. Allerdings leidet er schon als Kind an schlimmen Albträumen, die er später in ebenso schlimmen Gemälden festhält, während er seinen Lebensunterhalt mit der Anfertigung von Grabsteinen verdient. Nach einigen Weltreisen nimmt er schließlich einen Job in einem Institut für paranormale Forschung an und schreibt Bücher über das Okkulte. Am 18. Juni 1978 verschwindet er spurlos. Mysteriös …

Der Cousin, der sich nur »A. Breeg« nennt, berichtet von der Suche nach seinem Verwandten und erzählt, dass sich tatsächlich ein Mann auf seinen Aufruf gemeldet habe. Den wollte er am 14. August 2006 treffen. Und dieser Tag ist, so ein Zufall, das Veröffentlichungsdatum der Single.

Es stellt sich heraus: Die ganze Geschichte ist erfunden! Iron Maiden selbst haben die Historie von Benjamin Breeg niedergeschrieben und die mysteriöse Website aufgesetzt, weil ihnen klar war, dass die Fans nach diesem Namen suchen würden.

Mit anderen Worten: Das Ganze ist ein cleverer und vor allem unterhaltsamer Promoschachzug. Die Ausführungen des Cousins lesen sich tatsächlich spannend und machen neugierig. Als dabei ein verschollenes Gemälde des Benjamin Breeg auftaucht, wissen Maiden-Kenner Bescheid: Bei der Dämonenfratze, die angeblich der albtraumgeplagten Psyche des Künstlers entsprang, handelt es sich natürlich um das geliebte Bandmaskottchen Eddie.

Die besagte Website, www.benjaminbreeg.co.uk, wurde mittlerweile abgeschaltet, aber weil das Netz fast nichts vergisst, lassen sich die Ausführungen des Cousins noch finden und nachlesen. Sogar eine Kontakt-Mailadresse scheint noch zu existieren, eine Antwort erhält man natürlich nicht. Diese Aktion erinnert an den Horrorfilm *The Blair Witch Project* von 1999, für den ebenfalls mithilfe einer Netzpräsenz, falscher Polizeimeldungen und Vermisstenplakaten ein Anschein von Realismus kreiert wurde.

Der Song erscheint schließlich am 14. August 2006. Auf dem Cover sieht man Eddie, wie er die Ruhestätte von Benjamin Breeg öffnet. Auf dem Grabstein steht die rumänische Inschrift »Aici zace un om despre care nu se ştie prea mult«. Übersetzt heißt das: »Hier liegt ein Mann, über den nicht viel bekannt ist.« Das 7:21 Minuten lange Epos stammt aus der Feder von Bassist Steve Harris und Gitarrist Dave Murray, der Text erzählt von einem Mann auf der Suche nach Erlösung von einer ungenannten Schuld, nennt dessen Namen jedoch nicht.

Und wer ist Benjamin Breeg nun? Dieses Geheimnis lüften Iron Maiden nicht. In einem Interview auf der DVD zum Album erklärt Steve Harris: »Das darf ich nicht verraten.«

Metallica überall: Die ungewöhnlichsten Auftritte der Metal-Könige

Metallica kennen das alles: die abgerockten Clubs, die legendären Hallen und die größten Stadien der Welt. Die vier Musiker haben in ihrer vierzigjährigen Karriere schon alle üblichen Konzertlokalitäten bespielt. Doch ein paar Auftritte fallen aus dem Rahmen.

So müssen selbst zukünftige Superstars am Anfang ihrer Weltkarriere die Gigs nehmen, die sie kriegen können. Alle Dorfmetaller, Rockstar-Azubis und hoffnungsvollen Nachwuchs-Headbanger kennen das. Dabei läuft es bei Metallica anfangs gleich ziemlich gut: Im Oktober 1981 geht's los, Lars Ulrich und James Hetfield treffen sich. Am 14. März 1982 spielen sie schon ihre erste Show in einem Laden namens Radio City in Anaheim; da sind bereits 200 Leute am Start. Knapp zwei Wochen später dürfen sie als komplett unbekannte Krachkapelle sogar zwei Konzerte für die britischen Metal-Legenden Saxon im legendären Whisky a Go Go in Hollywood eröffnen.

Zurück an Lars' Schule

Doch noch müssen die Stadien, Arenen und Riesenhallen ein bisschen warten. Ihr fünftes Konzert findet am 25. Mai 1982 in der Cafeteria der Back Bay High School im kalifornischen Costa Mesa statt, der Schule von Trommler Lars Ulrich. Keine gute Idee, wie sich herausstellt: Zum einen passiert das Ganze tagsüber, nämlich um 11:15 Uhr während der Mittagspause der Schüler. Zum anderen rocken Ulrich, Frontmann James Hetfield, Leadgitarrist Dave Mustaine und Bassist Ron McGovney in der Kulisse eines Schultheaterstücks, das im Inneren eines Hauses spielt. »Ich stand bei der Eingangstür«, twittert McGovney später, »James und Lars im Wohnzimmer und Dave in der Küche!« Lars Ulrich notiert damals in seinem Metallica-Tagebuch, dass von anfänglich 200 Zuschauern nur 40 übrigbleiben. »Den Tag kann man komplett vergessen«, urteilt er. »Scheiße gespielt, scheiße angekommen, scheiße geklungen. Wirklich fürchterlich.« Das hört sich alles nicht gut an, zumal »Schulcafeteria« mehr an Diktat, Pausenbrot und eine Doppelstunde Mathe denken lässt als an Sex, Drogen und Rock 'n' Roll. Aber immerhin stehen schon fünf spätere Metallica-Klassiker auf der Setlist: »Hit The Lights«, »Jump In The Fire«, »Metal Militia«, »The Mechanix« (das zukünftige »The Four Horsemen«) und als Livepremiere »Motorbreath«. Bei der ersten Show hatte es neben etlichen Coverversionen erst zwei eigene Stücke gegeben.

Eine besondere Bedeutung kommt diesem Gig jedoch wegen eines anderen Details zu: Ihre ersten Shows hatten Metallica mit nur einem Gitarristen (Mustaine) bestritten, während Hetfield lediglich sang. Beim vierten Auftritt am 23. April in Costa Mesa übernahm einmalig ein Herr namens Brad Parker die zweite Gitarre, doch das funktionierte so gar nicht. An der Back Bay High School spielt Hetfield dann zum ersten Mal auf der Bühne zusätzlich zum Gesang die Gitarre – und einer der erfolgreichsten Metal-Frontmänner ist in seinem Element angekommen.

Noch vor Jahresende wird Ron McGovney durch Cliff Burton ersetzt, die Band zieht nach San Francisco, nimmt eine Reihe an Demos auf, die den weltweiten Tapetrading-Untergrund aufmischen, und sichern sich einen Plattenvertrag. Kirk Hammett ersetzt Dave Mustaine und dann erscheint im Juli 1983 bereits der Thrash-Metal-Urknall, das genreprägende Metallica-Debüt *Kill 'Em All.*

Auf einem Moskauer Flugplatz

Ab da geht es rasant vorwärts, und zwar so richtig. Keine zehn Jahre nach dem Auftritt in der Schulcafeteria stehen Metallica auf einer Bühne vor einer sechsstelligen Zahl an Menschen. Am 28. September 1991 ist die Band Teil eines gewaltigen Festivals auf dem Tushino Airfield bei Moskau, wo in diesem Jahr die Festivalreihe Monsters Of Rock Station macht, nicht zuletzt auf Einladung der russischen Führung unter Staatspräsident Michail Gorbatschow, die sich bei der Bevölkerung für die Niederschlagung des sogenannten »Augustputsches« im August 1991 bedanken will.

Die Show gilt als das erste Gratis-Open-Air mit westlichen Bands in der Geschichte der Sowjetunion und gehört zu den bestbesuchten Musikveranstaltungen aller Zeiten. Die genaue Zuschauerzahl weiß niemand, auch wegen des freien Eintritts; inoffizielle Schätzungen rangieren von 150 000 bis 1 600 000, offizielle Angaben liegen etwa in der Mitte – auf jeden Fall eine gewaltige Menge an Leuten. Metallica spielen hier vor AC/DC und damit zum letzten Mal in ihrer Karriere nicht als der Headliner. (Lediglich 2005 machen sie eine Ausnahme und eröffnen zwei Shows für die Rolling Stones in ihrer Heimatstadt San Francisco.)

Selbst 30 Jahre nach dem Moskau-Auftritt spricht das Quartett noch mit Ehrfurcht über die russischen Menschenmassen, die sich nicht nur metaphorisch gesprochen bis zum Horizont erstrecken. Und die Fans drehen komplett durch. Das sorgt wiederum für hartes Durchgreifen der Staatsmacht in Form von langen Reihen an Soldaten, die mit Schlagstöcken losprügeln, mitunter aber auch ihre Mützen in die Luft werfen und mitrocken.

Aufnahmen dieses Tages werden später als Audio und Video veröffentlicht; die Intensität der Situation kann man in der Performance der Band durchaus hören. Die vier Musiker sind bei diesem Auftritt nicht mal 30, aber schon platingeehrte Rockstars. Gerade geht ihr »Schwarzes Album« (das mit »Enter Sandman« und »Nothing Else Matters«) weltweit durch die Decke. Und damit ergeben sich Gigs, an die andere Bands nicht rankommen.

In der Playboy Mansion

So sind Metallica am 18. Oktober 1998 eingeladen, in der legendären Playboy Mansion zu spielen, der Heimstatt von *Playboy*-Chef Hugh

Hefner. Die gotisch anmutende Villa in Los Angeles mit üppigem Garten samt Wasserfall sieht nicht gerade schäbig aus, eine durchreisende Kapelle samt Crew kann sich da schon wohlfühlen. Auch hat sich in der Geschichte der Krachmusik noch nie ein Rockmusiker über umherlaufende Models beschwert. Aber letztendlich geht es an diesem Tag natürlich um Musik und gute Gespräche. Genauso wie es im *Playboy* vor allem auf die Interviews ankommt. Klar.

Metallica befinden sich damals gerade auf der Promotour zum Coveralbum *Garage Inc.* und spielen auf Einladung der *South-Park*-Erfinder Trey Parker und Matt Stone auf einer Party zu deren neuem Film *Orgazmo*, die in der Playboy Mansion stattfindet. Auf der Setlist stehen neun Songs, darunter zum allerersten Mal vor Publikum die Misfits-Nummer »Die Die My Darling« und der Bob-Seger-Klassiker »Turn The Page«. Die Sause endet mit der herrlich unflätigen Schimpfworttirade »So What?«, im Original von der Anti-Nowhere League.

Allerdings freunden sich Metallica vielleicht ein bisschen zu sehr mit dem *Playboy* an, denn weniger als zwei Jahre später geben die Bandmitglieder dem Magazin getrennt voneinander einige erstaunlich offene Interviews. Darin lassen sie nicht nur die Hosen runter, sondern gehen alles andere als nett miteinander um. Die Gespräche finden vor dem 17. Januar 2001 statt – dem Tag, an dem Bassist Jason Newsted offiziell aussteigt. Die Band steht zu diesem Zeitpunkt offensichtlich kurz vor dem Zusammenbruch und lässt die internen Gräben sehr durchblicken. Aber immerhin: Auf den Fotos von dem Gig in der Playboy Mansion, die man auf der Metallica-Homepage findet, wirken alle noch entspannt und bestens gelaunt.

Auf dem Parkplatz eines Footballstadions

Nach dem Ausscheiden Newsteds geben Metallica zum ersten Mal in ihrer Karriere in einem Kalenderjahr kein einziges Konzert. Die verbleibenden Mitglieder brauchen zwei Jahre und ein kontroverses Selbstfindungsalbum namens *St. Anger* (2003), um wieder in den Groove zu kommen. Noch mit Produzent Bob Rock als Aushilfsbassist spielen Metallica am 19. Januar 2003 dann ein unangekündigtes Konzert bei einem Footballspiel – auf einem Lastwagen vor dem Stadion, wo die Oakland Raiders die Tennessee Titans empfangen.

Nur vier Tage vorher hatte James Hetfield, zeit seines Lebens beinharter Raiders-Fan, nebenbei die Idee für diese Aktion erwähnt. Management und Crew setzen daraufhin alle Hebel in Bewegung, um sie umzusetzen, müssen aber Stillschweigen bewahren. Das liegt vor allem an Sicherheitsfragen und der Befürchtung, dass die Behörden sofort den Stecker ziehen würden, wenn es zu einem gefährlichen Massenauflauf käme. Also erfahren die Fans bis zum Schluss nichts davon.

Und so stehen Hetfield, Ulrich, Hammett und Rock an jenem Nachmittag aus quasi heiterem Himmel in schwarzen Raiders-Trikots auf der Ladefläche eines Sattelschlepperanhängers auf dem Parkplatz des Oakland Coliseum. Vor einem selbst gemachten Banner mit dem Bandnamen ballern sie ein Sechs-Song-Set mit unfehlbaren Klassikern wie »Seek & Destroy« raus, das offene Münder hinterlässt. Überraschung gelungen! »Ein Traum wurde wahr«, kommentiert Hetfield später, was vermutlich auch damit zu tun hat, dass seine Raiders die Titans mit 41 zu 24 niederschmettern.

Im Knast

Rob Trujillo wird kurz darauf der neue feste Bassist der Band. Seine erste Show spielt er am 30. April 2003 nicht in einer riesigen Arena, sondern im Hochsicherheitsgefängnis San Quentin. Das Erste, was die Musiker morgens um sieben Uhr beim Betreten der Mauern zu hören bekommen, ist der schöne Satz: »Wenn Geiseln genommen werden, wird der Staat Kalifornien nicht verhandeln.« San Quentin im Norden von San Francisco ist eine berüchtigte Strafanstalt, in der schon Charles Manson und Richard Ramirez einsaßen. Hier befindet sich der größte Todestrakt der gesamten USA. Metallica finden, dass die Location zu ihrer neuen Platte *St. Anger* passt, und wählen sie als Schauplatz für den Videoclip zum Titelstück aus.

Gefilmt wird an verschiedenen Stellen der Anlage, etwa im Hof und in einem Zellentrakt. Die Abteilung mit den zum Tode Verurteilten wird ausgelassen. Alle Personen, die auftauchen, sind echte Wärter und echte Gefangene, darunter die schlimmsten Verbrecher des Landes. Das ergibt ein intensives Video zu einem intensiven Song. Am darauffolgenden Tag kehrt die Band sogar noch einmal zurück und spielt ein Gratiskonzert für die Gefangenen. Einer der leitenden Justizbeamten berichtet später, die Reaktion der Insassen sei überwältigend gewesen. Auf Metallica macht die Aktion ebenfalls großen Eindruck. Am Ende des Clips erscheint folgender Text: »For all the souls impacted by San Quentin, your spirit will forever be a part of Metallica«, auf Deutsch: »Für alle Seelen, die von San Quentin betroffen sind: Euer Geist wird für immer ein Teil von Metallica sein«. Man darf sich fragen, ob sie da nicht ein bisschen übertrieben haben.

Am Südpol

In den folgenden Jahren kommt das Schiff wieder auf Kurs. Metallica sind zurück und touren als erfolgreichste Metal-Künstler aller Zeiten durch die größten Stadien und Hallen der Welt. Dabei stellen sie einen Rekord auf als erste Band in der Geschichte, die innerhalb von zwölf Monaten auf allen sieben Kontinenten auftritt, denn am 8. Dezember 2013 spielen Metallica in der Antarktis.

Der Gig findet auf einer argentinischen Forschungsstation namens Carlini Base statt. 120 Leute drängen sich dabei in einer durchsichtigen Kuppel, darunter Wissenschaftler aus mehreren Ländern und Gewinner einer von Coca-Cola gesponserten Verlosungsaktion in Lateinamerika. Um das empfindliche Ökosystem der Antarktis nicht zu stören, darf es keine Lautsprecherboxen geben. Der Sound wird deshalb nur per Kopfhörer an alle Anwesenden übertragen. Das sieht durchaus eindrucksvoll aus: James Hetfield mit Fellmütze, ausflippende Fans in dicken Jacken und drum herum die gleißend helle Weite der Antarktis.

Deshalb haben Metallica auch eine Filmcrew dabei und veröffentlichen später eine Dokumentation und ein Livealbum unter dem Titel *Freeze 'Em All*. Auf der Setlist stehen sichere Gassenhauer (etwa »Enter Sandman«). Warum die Kollegen allerdings nicht »Trapped Under Ice« spielen (oder zumindest »When Hell Freezes Over«, wie »The Call Of Ktulu« im Frühstadium mal hieß), wird ewig ein Rätsel bleiben.

Mit dieser im wahrsten Sinne des Wortes coolen Aktion landen Metallica offiziell im *Guinness Book of Records*. Vorher hatte es in der Antarktis nur ein einziges Konzert gegeben und zwar 2007 von Nunatak, einem Indie-Rock-Quintett aus Klimawissenschaftlern, vor einem Publikum aus 17 Leuten. Später schreiben Metallica auf ihrer Facebook-Seite: »Das war die außergewöhnlichste Show, die wir jemals gespielt haben. Was für eine Energie in dieser kleinen Kuppel! Worte können nicht beschreiben, wie glücklich alle waren. Über anwesende Pinguine liegen uns keine Informationen vor.«

7

WELTGESCHEHEN UND KULTURGESCHICHTE

Ja, auch in der großen Weltgeschichte taucht der Rock 'n' Roll auf

»Our world, our times«

Johnny Cash entdeckt den Tod von Josef Stalin

Johnny Cash hat als musikalischer Held einiges geleistet, gar keine Frage. Dass er aber auch im Kalten Krieg wie ein Geheimagent verschlüsselte Botschaften aus Russland aufspürte, wissen die wenigsten. So war unser Mann der erste Amerikaner, der 1953 vom Tod Josef Stalins erfuhr. Zumindest schreibt er das in seiner Autobiografie.

Erst die Arbeit, dann die Weltkarriere: Anfang der Fünfziger tritt der 18-jährige Johnny Cash der U.S. Army bei. Er wird in Texas ausgebildet und anschließend nach Landsberg in Bayern versetzt, zur 12th Radio Squadron Mobile des U.S. Air Force Security Service. Damit hat er kein Problem, denn die Alternative lautet Alaska. In Deutschland arbeitet er als Morsecode-Operator, der russische Nachrichten abfangen soll. »Die Air Force hat mir eine ungewöhnliche Sache beigebracht«, schreibt der spätere Weltstar in *Johnny Cash: The Autobiography*. »Wenn ihr wissen wollt, was ein Russe einem anderen Russen in Morsezeichen mitteilt, dann bin ich euer Mann. Ich hatte so ein Talent dafür und so ein gutes linkes Ohr, dass ich die Trumpfkarte des Air Force Security Service war, wenn internationaler Funkverkehr abgehört wurde.« In Sachen Musik erweist sich die Armeezeit in Übersee ebenfalls als wichtig für den »Man in Black«. Hier gründet er seine erste Band The Landsberg Barbarians, er verfasst auch den Text zu seinem späteren Hit »Folsom Prison Blues«, der eine Reihe an Konzerten in US-Gefängnissen nach sich zieht.

Ein weiterer Höhepunkt ereignet sich am 5. März 1953, als Cash auf seinem Horchposten als bestes Ohr der Division eine Botschaft abfängt: »Ich habe die erste Nachricht von Stalins Tod kopiert«, schreibt er in seinem Buch. Damals wusste der Westen nur, dass es um die Gesundheit des russischen Diktators nicht gut bestellt war. Nähere Informationen zu erlangen, war also ein wichtiges Aufklärungsziel der Geheimdienste. Und Cash hörte als erster US-Amerikaner davon, noch vor Präsident Dwight Eisenhower. Natürlich ging sofort eine

Meldung von Landsberg nach Washington. Groß darüber reden durfte der Musiker allerdings nicht, erst Jahre später kam die Episode ans Tageslicht.

Es ließen sich im Laufe der Dekaden jedoch auch kritische Stimmen vernehmen. In der Biografie *The Man Called Cash: The Life, Love and Faith of an American Legend* zum Beispiel werden Kameraden aus Landsberg zitiert mit: »Das ist Unsinn. Er konnte ja kein Russisch und wenn es verschlüsselt gewesen wäre, hätte er es ohnehin nicht entziffern können.« Andere halten in Online-Diskussionsgruppen dagegen, dass Cash explizit davon spricht, die Botschaft »kopiert« zu haben – dass er also nicht von »entziffert«, »decodiert«, »gehört« oder »erfahren« spricht. Wörtlich heißt es in der Autobiografie: »I copied the first news of Stalin's death.« Man kann also vermuten, dass Johnny Cash bei seiner Arbeit vor allem herausfinden sollte, wann Morsezeichen gesendet wurden, um diese dann – tatsächlich im Wortsinn – zu kopieren. Diese Abschrift wurde dann vermutlich an Verschlüsselungsexperten und Übersetzer weitergereicht. Was genau geschehen ist, dürfte schwer herauszufinden sein. Trotzdem gefällt auf jeden Fall die Vorstellung, dass ein Musikstar an vorderster Front der Weltpolitik stand.

»Space Oddity« im Weltraum – endlich

Das innere Nerd-Kind ist begeistert: Ein echter Astronaut spielt Bowies »Space Oddity« im Weltraum! 2013 macht Commander Chris Hadfield mit einem Clip von der International Space Station Furore.

Es gibt auf der ISS tatsächlich eine Gitarre. Das hätte man neben Computern, wissenschaftlicher Ausrüstung, Lichtschwertern und Warp-Antrieb nicht erwartet. Im März 2013 wird Chris Hadfield zum Kommandanten ernannt, ein Kanadier, der zeit seines Lebens in Bands gespielt hat. Er schnappt sich das Instrument und nimmt einen

Song auf, der nicht passender sein könnte: »Space Oddity« von David Bowie. Das Lied erzählt von Major Tom, der in seiner »Blechbüchse« durch das All fliegt und schließlich in die Weiten entschwindet. So soll Hadfields Geschichte natürlich nicht ausgehen, deshalb ändert er seinen Text und singt zum Beispiel: »Our commander comes down back to earth.«

Der Astronaut filmt sich an verschiedenen Stellen der Raumstation, was gar nicht so einfach ist, weil zum Beispiel die Gitarre ständig wegfliegt. Auf der Erde fügt schließlich die kanadische Musikerin Emm Gryner, die mal in Bowies Liveband spielte, dem Song noch andere Instrumente sowie weitere von Hadfield aufgezeichnete Sounds aus der ISS hinzu. Daraus entsteht der Soundtrack zu einem coolen Video.

Vor dessen Veröffentlichung müssen allerdings noch einige bürokratische und rechtliche Fragen geklärt werden. Das erweist sich als nicht ganz einfach, denn es gibt schlicht keinerlei Regelungen oder Präzedenzfälle für Songs und Videoclips, die in der Erdumlaufbahn aufgenommen werden. Glücklicherweise einigen sich die Fachleute auf einen Deal.

Am 12. Mai 2013 schließlich geht der Clip ins Netz und verbreitet sich weltweit. David Bowie höchstselbst kommentiert auf seiner Facebook-Seite: »Das ist vermutlich die ergreifendste Version des Songs, die jemals geschaffen wurde.« Mehr Lob geht nicht.

Als Bowie 2016 stirbt, schreibt Hadfield: »Seine Kunst definierte ein Bild des Weltraums, des inneren Selbst und einer sich rasend schnell verändernden Welt. ›Oddity‹ an Bord der ISS aufzunehmen, war mein Versuch, diese Kunst weiterzuführen. Die Menschen sollten erfahren, dass unsere Kultur sich über die Grenzen unseres Planeten hinaus erstreckt. Wir leben im Weltraum. Ich danke ihm für die Erlaubnis und dafür, seitdem so entgegenkommend gewesen zu sein.« »Space Oddity« ist übrigens nicht der einzige Rockklassiker im All. Als 1977 die Raumsonde Voyager zu den Sternen geschossen wird, befindet sich an Bord eine goldene Schallplatte mit Audioaufnahmen von der Erde, darunter die Stimme eines Kindes, Klassik von Johann Sebastian Bach – und das unsterbliche »Johnny B. Goode« von Chuck Berry.

Faith No More spielen in Berlin, als die Mauer fällt

Am 9. November 1989 fiel die Berliner Mauer, wie wir alle wissen. Die musikhistorisch Interessierten unter uns streiten deshalb noch: Verdanken wir nun David Hasselhoff die Öffnung der deutsch-deutschen Grenze – oder hat Klaus Meine das Ding mit »Wind Of Change« höchstpersönlich niedergepfiffen? Aber vielleicht haben ja auch Faith No More den »Schutzwall« einfach mürbe gerockt. Denn just an jenem Abend spielt die Band aus San Francisco in der noch geteilten Stadt …

Zu dieser Zeit befinden sich Faith No More auf der Tour zu ihrem Durchbruchsalbum *The Real Thing*, dem ersten mit Sänger Mike Patton. Unter anderem steht Berlin auf dem Tourplan und wie der damalige Tourmanager Tim Dalton erzählt, wird für Konzerte dort immer ein zusätzlicher Tag vor der Show eingeplant, weil niemand sicher sein kann, dass sich der Transit durch das Gebiet der DDR nicht signifikant verzögert. Den freien Abend in der noch geteilten, aber immer ein bisschen aufregenden Stadt nutzen die fünf Musiker und ihre Crew – natürlich – zu ausführlicher Feierei. Überall sehen sie Proteste, Demonstration und generell viel Aktivität.

Am nächsten Abend, am 9. November nämlich, steht dann der Gig in einem Laden namens Loft auf dem Programm. Kurz vor 19 Uhr findet die geschichtsträchtige Pressekonferenz statt, auf der Günter Schabowski, SED-Sekretär für Informationswesen, die Maueröffnung (versehentlich verfrüht) verkündet. Die Ereignisse sind bereits zum Loft vorgedrungen, als Faith No More ihr reguläres Set beenden; Mitarbeiter des Clubs erzählen der Band davon.

Als Zugabe steht – wie passend – der Black-Sabbath-Klopfer »War Pigs« auf dem Programm, den Faith No More mit gewohntem Schwung darbieten. Im Mittelteil schreit Patton dann: »Der Mauer ist weg! Der Mauer ist weg!«, aber so richtig kann keiner etwas damit anfangen. Zumal der Sänger ohnehin nicht für konsequent kohärente Kommunikation bekannt ist und keine zwei Minuten später schon wieder irgendwas mit »Satan« brüllt. Ganz zum Schluss verabschiedet er sich mit den Worten: »Thank you, Berlin, fucking night, see you later, man. And guess what? The wall is gone!« Ob es den Anwesenden da schon dämmert, was draußen passiert ist, wissen wir nicht. (Es gab ja noch keine Smartphones!) Aber Faith No More haben diese besondere Nummer tatsächlich aufgenommen und als B-Seite von »Epic« veröffentlicht. Sie findet sich heute auf der Deluxe-Edition von *The Real Thing*.

PS: Zur eingangs erwähnten Expertenfrage lässt sich festhalten: »Wind Of Change« kam erst am 6. November 1990 raus, also ein Jahr nach der Maueröffnung. Faith No More standen im entscheidenden Moment noch nicht auf der Bühne, konnten also nicht live mit der Kraft des Rock Grenzen sprengen. »Looking For Freedom« hingegen war schon draußen – vielleicht war es also doch »The Hoff«.

Rock vs. Disco: Kampf der Welten

Ende der Siebziger hat die Discowelle die USA fest im Griff. Doch unter Rockern macht sich explosiver Widerstand breit. Manchmal stolpert die neue Szene jedoch über den eigenen Übermut.

Seit 1977 herrscht in den USA das *Saturday Night Fever*: Der Soundtrack zum gleichnamigen Film mit John Travolta von 1977 lässt eine ganze Reihe an Verkaufsrekorden einfach hinter sich. Funkige Discosounds sind angesagt, Tanzbarkeit das oberste Gebot. Dazu gehört eine Glitzerkultur um Stil und Schönheit sowie ein ordentlich hedonistischer Lebensstil. (Letzteres gilt genau genommen natürlich für fast alle Strömungen der Populärmusik. Anders formuliert: In diesen Branchen saufen sie doch alle.)

Das gefällt natürlich nicht allen: Große Teile der Rockszene skandieren: »Disco sucks«, denn jeder teiladulte Genrefan egal welchen Lagers braucht ja ein Feindbild. Das *Time Magazine* hält sogar aus musikalischen Gründen nicht viel von Disco und bezeichnet den Stil als ein »diabolisches Geknalle und Geschrei«. (Allerdings haben dieselben Leute in ihren Feuilletonartikeln vermutlich genauso über Rock 'n' Roll geschimpft.) Daneben missfällt vielen die Oberflächlichkeit in den Tanztempeln, in denen insbesondere das äußere Erscheinungsbild eine wichtige Rolle spielt. Einige Medien heben zudem hervor, dass Disco teilweise in der Schwulenszene entstand und oft von Schwarzen gespielt wird – Wasser auf die Mühlen mancher reaktionärer Kreise. Und als dann noch unzählige Radiosender ihr Programm komplett von Rockriffs auf Tanztheater umstellen, platzt manchem Fan vor Kurzem noch etablierter Krachmusik der Kragen …

Ganz vorne steht bei diesem Widerstand ein DJ aus Chicago namens Steve Dahl. Der 24-Jährige hatte an Weihnachten 1978 seinen Job bei einem Sender verloren, weil der ebenfalls auf den Discozug aufgesprungen war. Mit seinem neuen Arbeitgeber, dem Rockkanal WLUP, genannt »The Loop«, heckt Dahl eine besonders tolle Aktion aus: Am 12. Juli 1979 soll die heimische Baseballmannschaft Chicago White Sox zwei Spiele gegen die Detroit Tigers absolvieren. In der Pause will der tapfere Streiter für die Rockkultur auf dem Rasen demonstrativ Discoplatten in die Luft sprengen. Jawohl, richtig gelesen: sprengen. Zur Explosion bringen. In die Luft jagen. Auf so einen Quatsch muss man erst mal kommen.

Dafür trifft The Loop mit den Verantwortlichen der Chicago White Sox eine Vereinbarung: Wer eine Discoplatte mitbringt, muss nur 98 Cent für den Eintritt ins Comiskey Park Stadion zahlen. Dieser willkürlich erscheinende Betrag kommt zustande, weil man einfach die Sendefrequenz 97,9 aufgerundet hat. Der Vereinsvorstand freut sich, dass endlich mal mehr Leute zum Spiel erscheinen, und Steve Dahl erhält Öffentlichkeit für seinen Kreuzzug gegen die schändliche Discomusik. Ein für alle vorteilhafter Plan, bei dem nichts schiefgehen kann.

Die White Sox und der Sender hoffen auf 20 000 Menschen, ein Viertel mehr als sonst, der Marketingchef der Mannschaft heuert Sicherheitsleute für 35 000 an. Allerdings tauchen an diesem späten Nachmittag 50 000 Schaulustige auf. Weil die gar nicht ins Stadion passen, versuchen viele, über die Zäune und Absperrungen zu klettern, was große Teile der Ordner und Securityleute dauerhaft beschäftigt. Das ist schon mal schlecht. Offiziell werden 47 795 Köpfe gezählt und davon ist ein großer Teil wegen der Explosion am Start, nicht wegen Baseball. Das merkt man etwa daran, dass Dutzende »Disco sucks«-Banner an den Rängen hängen und es im Gegensatz zu sonst im Stadion so merkwürdig süßlich riecht. Damit nicht genug: Weil viele mitgebrachte Discoplatten gar nicht eingesammelt werden können, fliegen sie irgendwann wie Frisbees durch die Gegend und erreichen auch das Spielfeld. Die Spieler tragen deshalb sogar auf den Positionen Helme, für die das eigentlich nicht nötig ist. Weil außerdem Knallkörper und Flaschen durch die Lüfte segeln, wird das erste Spiel mehrmals unterbrochen.

Die Pause beginnt um 20:16 Uhr. Um 20:40 Uhr betritt Steve Dahl mit Helm und Militärjacke die Szene und fordert die Meute zu, natürlich, »Disco sucks«-Chören auf. In der Mitte des Feldes steht eine große Kiste voll mit den verhassten Discotonträgern, an ihr sind Sprengladungen angebracht. Und die jagt Dahl feierlich in die Luft. Damit hat er allerdings nicht nur das verhasste Vinyl zerstört: Im Rasen klafft jetzt ein großes Loch! Und es geht noch weiter: Weil die Sicherheitsleute hauptsächlich die Eingänge bewachen, rennen jetzt mehrere Tausend Fans auf das Spielfeld und sorgen für noch mehr Verwüstung. Sogar ein ordentliches Feuer brennt dort mittlerweile.

Also rückt um 21:08 Uhr die Polizei in voller Kampfmontur an, zerstreut den Mob und nimmt 39 Leute fest. Das zweite Spiel wird – Überraschung! – abgesagt und mit 0:9 zum Nachteil der White Sox abgerechnet. Die »Disco Demolition Night« geht damit nicht nur in die Musik-, sondern auch in Baseballgeschichte ein. Und das alles, weil ein paar Dumpfbirnen ein musikalisches Genre nicht gefällt.

Allerdings steckt womöglich mehr dahinter: Manche Experten benennen Rassismus und Homophobie der weißen Vorstadt-Rockszene als weitere Gründe für den Widerstand gegen harmlose Tanzmusik, ebenso eine generelle Antihaltung gegenüber gesellschaftlicher und/oder kultureller Veränderung. Initiator Steve Dahl widerspricht dem.

Bei dieser abgefahrenen Sause handelt es sich nicht um ein isoliertes Ereignis; 1979 kam es auch zu anderen »Anti-Disco-Vorfällen«. In Seattle zum Beispiel attackierten einige Hundert Rockfans eine mobile Tanzfläche, in Portland zerstörte ein Discjockey unter Applaus einer riesigen Menschenmenge einen Stapel Discovinyl mit einer Kettensäge.

Parallel dazu findet der Tanztempelsound jedoch durchaus einen Nachhall in der Welt des Pop und Rock: Elton John versucht sich 1979 mit *Victim Of Love* an einer Discoplatte, Blondie landen im gleichen Jahr mit dem äußerst tanzbaren »Heart Of Glass« einen Hit und Paul Stanley schreibt einen der erfolgreichsten Kiss-Songs überhaupt, nämlich »I Was Made For Lovin' You« (ebenfalls 1979). Es gibt sogar ein *Star-Wars*-Discoalbum.

Die Welle ebbt allerdings schon im Folgejahr von selber ab, denn irgendwann hat sich der Wahnsinn um Champagner, Sex und Drogen unter der Discokugel totgelaufen. Manchen Protagonisten steigen die glitzernden Lichter regelrecht zu Kopf, was die Geschichte des legendären Studio 54 zeigt. Das Etablissement in Manhattan gilt in den letzten Jahren der Siebziger als die Partyzentrale von New York City. Die Nächte in dem ehemaligen TV-Studio an der West 54th Street erlangen Legendenstatus: Weißes Pulver, Separees, ein Raum mit abwaschbaren Gummiwänden, ein exklusiver Keller für Sie-wissen-schon und eine Tanzfläche mit ungekannt aufwendiger Lichtshow – alles da. Die beiden Chefs Steve Rubell und Ian Schrager verdienen Millionen. Nur die Schönen, Aufregenden oder Berühmten dürfen rein, diktatorisch am Eingang selektiert von Steve Rubell. Zu den Stammgästen gehören Andy Warhol, Liza Minelli, Bianca und Mick Jagger, Diana Ross, John Travolta, Arnold Schwarzenegger, Sylvester Stallone, Calvin Klein, Debbie Harry, Cher und Liz Taylor. Als die Band Chic einmal abgewiesen wird, obwohl Grace Jones sie eingeladen hatte, schreiben sie darüber den Song »Le Freak«, der zu ihrem größten Hit wird.

Die Geschäfte laufen hervorragend, so hervorragend, dass Rubell im Dezember 1978 in New Yorker Zeitungen damit zitiert wird, der Club habe im ersten Jahr sieben Millionen Dollar eingebracht. »Nur die Mafia macht mehr Geld«, heißt es weiter. Keine gute Idee, denn das wird keinesfalls überlesen. Allerdings wird nicht etwa die Mafia eifersüchtig, sondern die Steuerbehörde.

Am 14. Dezember 1978 bekommen die Betreiber Besuch, den sie nicht an der Tür abwimmeln können, nämlich Leute vom IRS, vom Internal Revenue Service. Die finden Säcke voller Geld, Finanzdokumente und einen ordentlichen Vorrat an Kokain. Nach damaligen Berichten entdeckt die Polizei einiges davon unter Deckenfliesen im Büro – wie im Film. Rubell und Schrager werden wegen Steuerhinterziehung angeklagt, weil sie 2,5 Millionen Dollar unterschlagen haben sollen und zwar mit einem System, das Rubell damals als »Cash rein, Cash raus, abschöpfen« beschreibt. Kurz: Alles in bar und dann Kassenzettel und Frischgeld verschwinden lassen, als hätte die Transaktion nie stattgefunden. Dagegen hätte vermutlich nicht mal eine Endsiebziger-Bonpflicht geholfen.

Klappe halten wäre also für Schrager und Rubell gut gewesen, aber dafür ist es zu spät: Am 18. Januar 1980 werden die beiden zu dreieinhalb Jahren Gefängnis verurteilt. Dieses Urteil markiert den Anfang vom Ende des Studio 54, denn schon im Februar schließt es seine Pforten – nach einer zünftigen Abschiedsparty versteht sich, die den Titel »The End of Modern-Day Gomorrah« trägt. Im Herbst 1981 macht der Laden zwar wieder für ein paar Jahre auf, aber der vormalige hedonistische Wahnsinn lässt sich – mit HIV auf dem Vormarsch und Discomusik auf dem Abstellgleis – wohl nicht reproduzieren. Die Sause ist vorbei, die Achtziger kommen – und bringen ihre eigenen Schrecken und Herrlichkeiten hervor. Aber auch viel hervorragenden Hardrock und Heavy Metal.

Warum der Vietnamkrieg mit einem Weihnachtslied endete

Natürlich hinterlässt der Vietnamkrieg seine Spuren auch in der Rockmusik. Fast 20 Jahre dauerte die Auseinandersetzung zwischen dem kommunistischen Norden und dem westlich orientierten Süden des Landes, unterstützt in einem Stellvertreterkrieg von Russland und China auf der einen, den USA und anderen Alliierten auf der anderen Seite. Unzählige Protestsongs wurden geschrieben, es folgten Friedensbewegung, Flower Power und Jimi Hendrix' intensive Version von »The Star-Spangled Banner« in Woodstock. Es gibt noch eine weitere Verbindung zwischen Krieg (der auf der anderen Seite übrigens »The American War« genannt wird) und Populärkultur. Und die hat mit einem geheimen Signal zu tun …

Im März und April 1975 rücken die Truppen des kommunistischen Nordens auf die südvietnamesische Hauptstadt Saigon vor und es sieht nicht danach aus, als könnte die Stadt gehalten werden. Deswegen wird »Operation Frequent Wind« gestartet, um die letzten verbliebenen US-Bürger per Hubschrauber zu evakuieren. Dabei handelt es sich vor allem um Botschafts- und Militärpersonal sowie CIA-Angestellte, aber auch um Menschen aus Südvietnam, die eng mit den Vereinigten Staaten oder der nationalen Regierung zusammengearbeitet haben.

Schon vorher war für diese Situation ein geheimes Signal vereinbart worden: »Die Temperatur in Saigon beträgt 105 Grad Fahrenheit und steigt weiter.« Diesen Satz würde das Militärradio senden, gefolgt von »White Christmas«, und das alle Viertelstunde. Sodann sollten die entsprechenden Personen sich zu Sammelstellen begeben, um mit Bussen zu Abflugpositionen gebracht zu werden. Einige japanische Presseleute lassen sich vorher deshalb das Lied vorsingen, weil sie es nicht kennen.

Das Signal kommt zum ersten Mal am 29. April 1975, um 14:06 Uhr landet der erste Hubschrauber auf einem Militärgelände. Auch aus der Botschaft werden Flüchtlinge und Personal ausgeflogen. Ein CIA-Mitarbeiter namens Frank Snepp bezeichnet die Situation – drohende Attacke, Helikopter in der Luft und »White Christmas« im April – als »bizarr kafkaesk«. Man kann es nachvollziehen. Am Morgen des 30. April um 4:48 Uhr steigt der letzte Zivilist, Botschafter Graham Martin, in eine wartende Maschine, um 7:53 Uhr fliegen auch die letzten Wachmannschaften ab. Somit endet die US-amerikanische Präsenz in dem Land und damit de facto auch der Vietnamkrieg. Zu den Klängen eines Weihnachtslieds.

Letzte Dinge in der Geschichte von Nirvana

Ihr finales Konzert spielen Nirvana am 1. März 1994 in München. Dabei sichert sich ein bekannter deutscher Rockmusiker das allerletzte jemals auf einer Tour der Grunge-Helden verkaufte Shirt. Nur wenige Wochen später wird Sänger Kurt Cobain tot aufgefunden.

1994 gehören Nirvana zu den größten Rockbands der Welt. Keine Frage, mit *Nevermind* haben die drei Jungs aus Seattle einen Nerv getroffen. Kurt Cobain geht es aber gar nicht gut damit. Er ist knapp 27 Jahre alt, als Nirvana Anfang Februar 1994 mit dem neuen Album *In Utero* nach Europa aufbrechen. Der Sänger, Gitarrist und Songschreiber hat sich an seine Rolle als Star und Idol einer Generation nie so richtig gewöhnt – er kämpft mit Drogen, Depressionen und überhaupt mit dem Ruhm und der massiven Aufmerksamkeit. Nach einem Dutzend Konzerten fängt er sich zudem noch eine schwere Bronchitis ein. Damit fangen die Probleme aber leider erst an.

Das letzte Konzert

Cobain ist richtig krank, als der Tross in München für eine Show am 1. März anrollt. Nirvana spielen mittlerweile ziemlich große Hallen; in der bayrischen Metropole sollen sie allerdings »nur« im 3000 Fans fassenden Terminal 1 (einer umgebauten Flughafenhalle) auftreten, dafür aber gleich zweimal. Der Abend beginnt trotz der suboptimalen Zustände normal, mit »My Best Friend's Girl«, einem Song von The Cars, gefolgt von »Radio Friendly Unit Shifter« und »Drain You«. Wenig später fällt während »Come As You Are« allerdings der Strom aus, was Bassist Krist Novoselic süffisant kommentiert mit: »Wir spielen heute nicht im Münchner Enormodome. Denn unsere Karriere ist auf einem absteigenden Ast. Grunge ist tot, Nirvana sind vorbei. Unsere nächste Scheibe wird eine Hip-Hop-Platte!« Als die technischen Probleme behoben sind, startet die Band den Song von vorne, schmeißt aber eine Nummer kurzerhand aus dem Set: den Megahit »Smells Like Teen Spirit«. Das zeigen (unbestätigte) Fotos einer Setlist des Abends. 23 Lieder spielen Nirvana insgesamt, darunter eine Akustikversion von »Polly« und den David-Bowie-Klassiker »The Man Who Sold The World«. Die Sause endet nach 80 Minuten mit »Heart-Shaped Box« – und ist damit die kürzeste Show der gesamten Tour. Kurt Cobain geht es überhaupt nicht gut, Ärzte stellen neben der Bronchitis auch eine Kehlkopfentzündung fest. Deshalb werden die restlichen 22 Termine erst mal verschoben. Doch zu Nachholkonzerten wird es nicht mehr kommen.

Das letzte Shirt

Damit wird an diesem Abend im Terminal 1 auch zum letzten Mal »Merch« bei einer Nirvana-Show angeboten, also Fanartikel wie Textilien, Poster und so weiter. Das allerletzte Shirt, das jemals auf einer Tour der Grunge-Legenden verkauft wird, ersteht Florian »Flo« Weber, der später als Schlagzeuger der bayrischen Indierocker Sportfreunde Stiller zu Ruhm und Ehre kommt. 1994 arbeitet er allerdings nach dem Abitur erst mal für die Eventagentur seiner Schwester und soll an der Halle Flyer für eine Veranstaltung verteilen. Der zusätzliche Vorteil: Er darf für lau zum Konzert und bekommt sogar einen Pass für besonderen Zutritt. Der wird sich noch als nützlich erweisen.

Wie Flo Weber sich für dieses Buch erinnert, sind die Flyer vor Beginn »schnell verteilt beziehungsweise entsorgt«, dann geht es in den Moshpit. »Es war heiß, fast unerträglich, deshalb habe ich das Getümmel nach 20 Minuten verlassen und die Show aus sicherer und sauerstoffhaltigerer Umgebung verfolgt. Ich war nicht sonderlich begeistert, schon den Einstieg fand ich komisch: ein Cover von The Cars, was ich nicht kannte – doof. Die Setlist sonst war irgendwie uninspiriert, kein ›Smells Like Teen Spirit‹, und Kurt wirkte fast gelangweilt. Alles klang ein wenig holprig, nur Dave Grohl schoss hinter seiner Bude wie gewohnt raus.«

Nach dem letzten Stück (»Heart-Shaped Box«) zieht es Flo zum Merchstand, wo ihm ein weißes Longsleeve mit einem auf die Brust gestickten *In-Utero*-Engel ins Auge fällt. Zu einem Kauf kann er sich aber nicht durchringen, also verlässt er mit den anderen Fans nach Aufforderung der Ordner die Halle. Doch schon nach zehn Minuten an der frischen Luft ärgert er sich über die verpasste Chance: »Ich wollte dann schnell zurück und wurde tatsächlich noch mal reingelassen, allerdings erst, nachdem ich meinen Pass vorgezeigt und irgendwas von zurückgelassener Flyertasche erzählt hatte.« In der leeren Halle herrscht bereits geschäftiger Abbau und auch der Merchstand wird schon zusammengefaltet. »Ich fragte den Verkäufer nach dem weißen Longsleeve, doch der erklärte mir, die Kisten mit dem Shirt seien schon weg.«

Ein Exemplar gibt es allerdings noch: das Ausstellungsstück, das an der hinteren Wand des Merchstands angebracht war. Diese letzte Chance lässt sich Flo Weber nicht entgehen: »Achselzuckend pinnte der Mann es ab und gab es mir. 40 Mark habe ich damals dafür bezahlt. Und ich besitze das Longsleeve immer noch – zwar ausgeweitet, aber eigentlich noch tragbar. Natürlich habe ich erst viel später die Bedeutung dieses Shirts realisiert. Eigentlich der Hammer.« Und so besitzt ein deutscher Rockdrummer ein kleines Stück Nirvana-Historie und – fast noch besser – kann eine tolle Rocknerd-Trivia-Geschichte erzählen.

Kurt Cobains letzte Tage

Mit Ehefrau Courtney Love und Tochter Francis Bean reist der Musiker im Anschluss an das München-Konzert nach Rom, um sich behandeln zu lassen und sich in einem Hotel zu erholen. Dort nimmt er in so großen Mengen Champagner und das Schlafmittel Rohypnol zu sich, dass seine Frau ihn nur noch bewusstlos findet – Überdosis. Berichten, wonach es sich um einen Suizidversuch gehandelt haben soll, widerspricht er später und erklärt, er habe lediglich aus Versehen zu viel des Medikaments eingenommen und dazu Alkohol getrunken. Erst nach fünf Tagen, in denen er teilweise sogar im Koma liegt, kann Cobain das Krankenhaus verlassen. Die Familie kehrt nach Seattle zurück.

Nicht zuletzt wegen des Vorfalls in Rom reden zu Hause Freunde, Familienmitglieder und seine Frau Courtney, auf ihn ein, sich endlich dabei helfen zu lassen, von den Drogen wegzukommen. Besonders im Umgang mit seiner erst zweijährigen Tochter Francis Bean spielt die Sucht eine Rolle. Einmal teilt ihm die Mutter mit, dass er das Mädchen im Rausch habe fallen lassen. »Vermutlich hätte ich ihm das so nicht sagen dürfen«, berichtet Courtney Love später unter Tränen. »Dem Kind ist damals nichts passiert, doch er machte sich unglaubliche Vorwürfe.« Genug jedenfalls, um sich noch einmal einweisen zu lassen.

Zuvor fährt er am Morgen des 30. März allerdings zu einem Waffengeschäft, kauft sich ein Gewehr und Munition. Am Nachmittag kutschiert ihn Chauffeur Harvey Ottinger dann zum Flughafen, wo Cobain wenig später eine Maschine nach Los Angeles betritt, um sich in eine Entzugsklinik zu begeben. Doch bevor er aus der Limousine steigt, fällt ihm auf, dass er die Munition noch bei sich trägt. »Als er das merkte, sagte er ›Oh fuck‹, weil er wusste, dass er sie natürlich nicht mitnehmen konnte«, erinnert sich der Fahrer in der Dokumentation *The Last 48 Hours of Kurt Cobain*. »Ich musste ihm versprechen, die Kugeln zurück zu seinem Haus zu bringen. Das war ihm äußerst wichtig.« Cobain checkt in die Klinik ein, hält es dort jedoch nur einen Tag aus und flieht am 1. April, indem er über eine Mauer der Einrichtung klettert. Obwohl sich seine Frau zu dem Zeitpunkt in Los Angeles befindet, reist der Sänger zurück nach Seattle. Im Flugzeug sitzt er – kann man sich nicht ausdenken – zufällig neben Duff McKagan von Guns N' Roses, der später erklärt: »Ich wusste instinktiv, dass etwas nicht stimmt.« In Seattle taucht Kurt unter. Wie später bekannt wird, verbringt er einige Zeit in einem Motel namens Marco Polo in einem heruntergekommenen und bei Drogenabhängigen bekannten Viertel Seattles. Die Nacht kostet hier 18 Dollar, Kurt wohnt, wie zuvor schon häufiger, in Zimmer 226.

Am 3. April gibt Love eine Vermisstenanzeige auf und engagiert einen Privatdetektiv, der nach ihrem Mann suchen soll. Noch am gleichen Abend wird der allerdings beim Essen mit Freunden in seinem liebsten mexikanischen Restaurant in Seattle gesehen. Nach Aussagen des Inhabers wird die Kreditkarte von Cobain abgelehnt, denn Courtney hatte alle Karten sperren lassen. Also schreibt er einen Scheck, besser gesagt: Er versucht es. Offenbar steht der Musiker stark unter Drogen und schafft es nur mit Anstrengung, das Zahlungsmittel ordnungsgemäß auszufüllen. Zwar ärgert den Rockstar die Sache mit der Kreditkarte, er scheint ansonsten aber guter Laune zu sein.

Einen Tag vor seinem Tod, am 4. April, wird Kurt Cobain zum letzten Mal lebend gesehen, als er abends in eine Kneipe namens Linda's Bar geht. Ein Gast erinnert sich zwar daran, dass der Musiker den Laden betritt und direkt nach hinten durchgeht, doch niemand sieht, wie er ihn wieder verlässt. Was in den darauffolgenden Stunden passiert, wird nie geklärt.

8. April 1994: Als Elektriker Gary Smith am Morgen zum Haus von Courtney Love und Kurt Cobain im Stadtteil Lake Washington in Seattle kommt, öffnet ihm niemand die Tür. Allerdings erwartet er das auch nicht, er soll lediglich im Auftrag von Cobain Lichtschranken installieren, um die Sicherheit auf dem Grundstück zu erhöhen. Und so beginnt Smith mit seiner Arbeit an dem dreistöckigen Haus. Einige Kabel verlaufen vom Dach in den kleinen Raum direkt über der Garage, was sich der Handwerker genauer anschauen will. Er blickt durchs Fenster und versteht zuerst gar nicht, was er da entdeckt: Am Boden sieht er einen Menschen, in dessen blonden Haaren Blut klebt. Auf dem leblosen Körper befindet sich ein Gewehr. Vor den Augen von Smith liegt der tote Kurt Cobain.

Die Autopsie lässt später darauf schließen, dass der Musiker gegen Mittag des 5. April mit einer sehr hohen Dosis Heroin im Blut im Alter von 27 Jahren den Freitod wählte. Cobain hinterlässt einen Abschiedsbrief, der mit einem Zitat des Neil-Young-Songs »My My, Hey Hey (Out Of The Blue)« endet: »It's better to burn out than to fade away«. Der Sänger schreibt darüber, wie sehr er die Begeisterung für die Musik verloren hat und wie wenig er mit seiner Situation klarkommt, obwohl er eigentlich Freude empfinden sollte. Er spricht von einer »Göttin von Frau« an seiner Seite und der kleinen Tochter »voller Liebe und Freude«. Ein tragisches und trauriges Ende eines geplagten Künstlers, dessen Lieder die Neunziger maßgeblich prägten und bis zum heutigen Tag Millionen auf der ganzen Welt berühren. Rest in peace, Kurt.

8

DAS GESETZ

Verbrechen und Mysterien in der Welt der Musik

»I fought the law and the law won«

AC/DC und der Serienkiller

1985 tauchen AC/DC viel häufiger in der US-Presse auf, als ihnen lieb ist. Damals geht in Kalifornien ein Serienkiller um, der wahllos und auf ziemlich kranke Weise Leute umbringt. Die Details sind fürchterlich. Am 17. März 1985 lässt er bei einem Mord eine AC/DC-Mütze am Tatort liegen ...

Weil die Polizei keine Spur von dem Täter finden kann, gibt ihm die Öffentlichkeit den Namen »Night Stalker«. Besonders sensationslüsterne Medien machen natürlich den verderblichen Einfluss von Rockmusik im Allgemeinen und von AC/DC im Speziellen für die Bluttaten verantwortlich. Als ein gewisser Richard Ramirez als Verdächtiger ermittelt werden kann und ein Freund aus seiner Kindheit bestätigt, dass der Gesuchte schon früher großer AC/DC-Fan war, geht es rund: Völlig übertriebene Schlagzeilen tauchen auf, zum Beispiel »AC/DC machten mich schon mit 16 zum Killer« oder »Ein Massenmörder, getrieben von Rock und Teufelsanbetung«. Andere Quellen glauben zu wissen, dass der Bandname für »Anti-Christ/Devil's Child« stehe. Manche stellen sogar eine Verbindung zwischen dem »Night Stalker« und dem AC/DC-Song »Night Prowler« vom Album *Highway To Hell* her, das zu diesem Zeitpunk sechs Jahre alt ist.

Darüber können die Musiker nur den Kopf schütteln. »Zuerst habe ich das für einen Witz gehalten«, erzählt Gitarrist Malcolm Young in einem Interview mit VH1. »Das ist doch verrückt. Was haben wir mit der Sache zu tun?« Bassist Cliff Williams regt sich in einem Zeitungsinterview richtiggehend über solche Anschuldigungen auf: »Das hat mich ganz schön angepisst. Völlig lächerlich, eine Unverschämtheit.« Die beiden Musiker weisen vergeblich darauf hin, dass das Stück ihrer Band eben nicht »Night Stalker« heißt und außerdem davon handelt, nachts von zu Hause abzuhauen und ins Zimmer der Freundin einzusteigen. Zugegeben: Sänger Bon Scott singt in der Nummer auch vom »kalten Stahl im Rücken« und erzeugt eher eine bedrohliche

Atmosphäre als eine romantische, doch schlussendlich handelt es sich maximal um ein sechseinhalb Minuten langes, harmloses Gruselgeschichtchen auf Bluesbasis. Kurzum: Die Verbindung von AC/DC zum Serienmörder ist Schwachsinn.

Doch der Fund der AC/DC-Baseballkappe hat durchaus Konsequenzen für die Starkstromrocker. So nimmt das legendäre PMRC, das »Parents Music Resource Center«, die Band ins Visier. Dahinter steckt eine damals gerade gegründete Vereinigung von vier einflussreichen Politikergattinnen um Tipper Gore, die Ehefrau des späteren Vizepräsidenten Al Gore. Diese auch als »Washington Wives« bezeichnete Gruppe möchte Kinder vor Songs über Sex, Teufel und Drogen und auch vor böser Sprache bewahren. (Auf die Idee kam Frau Gore übrigens, weil ihre elfjährige Tochter sich »Darling Nikki« von Prince angehört hatte. Darin geht es um Sex, explizit wird »Masturbation« erwähnt.) Das PMRC setzt zum Beispiel die Kennzeichnung »bedenklicher« Alben mit einem »Explicit Lyrics«-Aufkleber durch, der vor »gefährlichen« Texten warnen soll. Auch heute noch werden viele Veröffentlichungen mit entsprechenden Hinweisen versehen oder zusätzlich in entschärften »Clean«-Versionen rausgebracht.

Die öffentliche Aufmerksamkeit im Fall Ramirez ist immens, einige AC/DC-Konzerte werden nach Protesten abgesagt. Das ist so überzogen, dass sogar der verantwortliche Ermittler der Mordkommission, ein Herr namens Gil Carillo, mit den Worten zitiert wird: »Die Presse hat eine Menge Annahmen gemacht und der gefundenen AC/DC-Kappe mehr Bedeutung zugemessen als die Kriminalbeamten.« Glücklicherweise wird der Killer am 31. August 1985 gefasst und dreizehnmal zum Tode verurteilt. Richard Ramirez zeigt keinerlei Reue, sämtliche von ihm angestrebten Berufungsverfahren werden abgelehnt. Der Richter bescheinigt ihm »Grausamkeit, Herzlosigkeit und Boshaftigkeit jenseits jedes menschlichen Verständnisses«. 2013 stirbt Ramirez im Gefängnis an Lymphdrüsenkrebs.

Das mysteriöse Verschwinden des Richey Edwards

Seit dem 1. Februar 1995 hat niemand mehr den Gitarristen der Manic Street Preachers gesehen. Am Vorabend einer US-Tour verschwindet Richey Edwards spurlos, zwei Wochen später wird sein Auto an einer Brücke gefunden. Bis heute bleibt der Fall mysteriös.

Morgens um sieben Uhr verlässt Richey Edwards das Embassy Hotel in London. Eigentlich soll der Gitarrist an diesem Tag noch zu einer US-Tour der Manic Street Preachers abreisen. Mit den walisischen Alternativrockern, bei denen er vor allem als Texter und Ideengeber fungiert, hatte er im Vorfeld ausführlich geprobt und in der Zeit zwei Wochen lang an jedem einzelnen Tag 200 Pfund von seinem Konto abgehoben. Statt zum Flughafen fährt er zu seinem Apartment im walisischen Cardiff, etwa drei Stunden westlich. Geldbeutel, Schlüssel, Pass und das Antidepressivum Prozac nimmt er mit, seinen gepackten Koffer, den Rest des Prozac und ein sorgfältig eingepacktes Geschenk aus mehreren Büchern an seine Freundin oder Ex-Freundin Jo lässt er im Hotel. Um von London nach Cardiff zu kommen, muss er die Severn Bridge in der Nähe von Bristol passieren. In Wales verliert sich seine Spur. Vollständig. Richey Edwards ist da 27 Jahre alt.

Angeblich wird er in den folgenden Tagen im 20 Kilometer nordöstlich von Cardiff gelegenen Städtchen Newport gesichtet: einmal beim Passamt und am 5. Februar von einem Fan am Busbahnhof des Ortes. Als gesichert gilt das alles aber nicht. Sechs Tage später soll Edwards am King's Hotel in Newport ein Taxi bestiegen haben, um sich unter anderem in der Gegend herumfahren zu lassen, in der er aufgewachsen ist. Bemerkenswert wirkt die Behauptung des Fahrers, sein Gast habe hauptsächlich in einem Londoner, gelegentlich aber auch in einem walisischen Dialekt gesprochen und darum gebeten, sich hinlegen zu dürfen. Die Reise soll dann zum Bahnhof von Pontypool, 15 Kilometer weiter nördlich, gegangen sein. Dort habe der Fahrgast ein Telefon gesucht, aber nicht gefunden. Deshalb ließ er sich an der 40 Kilometer entfernten Tankstelle Severn View Service unmittelbar an der Severn Bridge absetzen. Den Fahrpreis von 68 Pfund habe er bar bezahlt. Doch leider lässt sich das ebenfalls nicht stichhaltig belegen.

Sicher ist allerdings, dass nicht ein Taxi, sondern Richey Edwards' eigenes Auto, ein Vauxhall Cavalier (in Deutschland: Opel Ascona), am 14. Februar auf dem Parkplatz der Tankstelle einen Strafzettel bekommt. Am 17. Februar wird es als verlassen deklariert. Die Polizei stellt fest, dass die Batterie leer ist und offensichtlich jemand in dem Fahrzeug gewohnt hat. Manche Quellen behaupten, im Auto hätten sich Burger-Verpackungen und Fotos von Edwards' Familie befunden.

Die Severn Service Station liegt in unmittelbarer Nähe der 1,5 Kilometer langen und 136 Meter hohen Brücke, die über den Severn, den längsten Fluss Großbritanniens, führt. Deshalb wird allgemein angenommen, Richey Edwards habe sich das Leben genommen, wie es dort leider öfter vorkommt. Seine langjährigen Probleme mit Depression und Selbstverletzung legen diese Vermutung nahe, selbst wenn er sich nach der Veröffentlichung des Albums *The Holy Bible* im Sommer 1994 helfen lassen wollte und in eine psychiatrische Klinik eingewiesen wurde. Trotzdem befürchten viele, der Musiker habe die Textzeilen im Stück *Suicide Is Painless* womöglich zu wörtlich genommen. (Diesen Song, im Original das Titellied zur Fernsehserie *M*A*S*H*, hatten die »Manics« 1992 als Charity-Single veröffentlicht.) Freunde widersprechen der Suizidtheorie jedoch und führen an, Edwards sei schlicht nicht der Typ dafür gewesen. Er selbst wird zitiert mit dem Satz: »Was das S-Wort angeht: Das kommt mir gar nicht in den Sinn. Es ist noch nie passiert, es hat auch keinen Versuch gegeben. Denn ich bin stärker als das. Ich mag eine schwache Person sein, aber ich halte Schmerzen aus.« Dass Richey Edwards grundlegend nicht gesund war, steht jedoch außer Frage.

Seine Mitmusiker und die Fans geben die Hoffnung nie so richtig auf, dass Richey noch lebt, zumal er in Goa, Indien, auf Fuerteventura und Lanzarote gesichtet worden sein soll. Leider lassen sich diese Begegnungen weder überprüfen noch belegen. Die polizeilichen Untersuchungen bringen ebenfalls kein Licht ins Dunkel, sein Leichnam wird nie gefunden. Deshalb lassen Edwards' Eltern ihn am 23. November 2008 formell für tot erklären. Das Schicksal des Walisers wird in den Medien oft thematisiert und inspiriert einige Bücher, seine Band veröffentlicht weiter Songs mit seinen Texten und zahlt noch jahrelang ein Viertel ihrer Tantiemen auf ein Konto auf den Namen ihres glücklosen Mitstreiters ein. Richey Edwards bleibt verschwunden.

Ein Tod im Moshpit und das starke Rückgrat von Randy Blythe

Ein verhängnisvolles Datum: Am 24. Mai 2010 spielen die US-Metaller Lamb Of God eine Show in Prag. Dabei klettern Fans auf die Bühne, einer davon wird von Sänger Randy Blythe wieder runterbefördert – und landet auf dem Kopf.

Daniel Nosek, gerade mal 19 Jahre alt, fällt nach dem Sturz ins Koma und stirbt tragischerweise einige Wochen später. Die Band, die zu dem Zeitpunkt das Land längst wieder verlassen hat, bekommt davon nichts mit. Bis zwei Jahre darauf die nächste Tour in der Tschechischen Republik ansteht …

Als Lamb Of God am 27. Juni 2012, also 25 Monate später, in Prag landen, wird Randy Blythe umgehend festgesetzt und in Untersuchungshaft genommen. Der Vorwurf: Totschlag. Das kommt für den Frontmann und seine Band völlig überraschend. Was sie nicht wissen: Nach dem Tod von Daniel Nosek hatten die tschechischen Behörden die Ermittlungen aufgenommen und die USA um Amtshilfe gebeten. Das US-Justizministerium lehnte das ab, teilte aber Lamb Of God oder ihrem Manager mit keinem Sterbenswörtchen mit, dass gegen sie ermittelt wird. Einige nationale Medien in der Tschechischen Republik berichten daraufhin, dass der Sänger besonders brutal gegen Stagediver auf seiner Bühne vorgegangen sei, sogar von einer Schlägerei ist die Rede. Andere Medien erklären realistischer, dass es bei Metal-Shows zwar gerne wild zugeht, sich aber niemand wirklich kloppt.

Am 29. Juni wird Blythe formell angeklagt, ihm drohen fünf bis zehn Jahre Gefängnis. Der Staatsanwalt setzt wegen Fluchtgefahr eine Kaution in Höhe von 200 000 US-Dollar an, das geschätzte Jahreseinkommen des Sängers. Der Betrag wird später auf 400.000 US-Dollar erhöht. Nach Zahlung der Kaution und allerlei bürokratischen Schleifen samt ungünstig liegenden Feiertagen darf der damals 39-jährige Musiker am 3. August, fünf Wochen nach der Verhaftung, zurück in die USA reisen. Am Flughafen erklärt er: »Es besteht keine Fluchtgefahr. Als Künstler bin ich in der ganzen Welt unterwegs, ich muss meinen Namen reinwaschen. Also werde ich zurückkehren, wenn ich vor Gericht geladen werde.« Das geschieht tatsächlich im Februar 2013. Blythe hätte, um kein Risiko einzugehen, einfach einen großen Bogen um die Tschechische Republik machen können, doch er zeigt Rückgrat und stellt sich der Verhandlung.

Im Prozess wird untersucht, was an diesem verhängnisvollen 24. Mai 2010 im Prager Club Abaton tatsächlich geschah. Es scheinen mehrere Faktoren zusammengekommen zu sein: Die Spielstätte ist klein, die Absperrung ebenfalls. Fans klettern auf die Bühne, die Sicherheitsleute kümmern sich unzureichend darum. Nun sind Stagediver in der Welt der Krachmusik nicht ungewöhnlich, die Bandmitglieder allerdings, allen voran Randy Blythe, machen klar, dass sie nichts davon halten. Ein Headbanger namens Milan Pořádek kommt dem Sänger mehr als einmal in die Quere und wird von ihm sogar zu Boden gedrückt. Nach eigenen Aussagen versteht der Fan den »Hinweis« und lässt es fortan sein. Das sieht für Blythe aber anders aus, als ein anderer Besucher, Daniel Nosek, die Bühne besteigt. Blythe, der kurzsichtig ist und zur Mosh-Arbeit seine Brille nicht trägt, erkennt in der Dunkelheit der Show nicht, dass es sich nicht erneut um den gleichen Störer handelt – und schiebt Nosek rigoros runter in die Menge. Doch die fängt ihn nicht.

Nosek landet auf dem Hinterkopf. Zwar steht der 19-Jährige kurz darauf wieder auf den Beinen, doch als er sich eine halbe Stunde später zu erbrechen beginnt, muss ein Rettungswagen gerufen werden. Daniel Nosek fällt in ein Koma und verstirbt an einer Lungenentzündung, hervorgerufen durch einen Schlag auf den Hirnstamm. Die Prozessbeteiligten kommen am 5. März 2013 zum Schluss, dass Blythe den jungen Mann tatsächlich von der Bühne gestoßen hat und damit die moralische Schuld an seinem Tod trägt. Juristisch gesehen sei der Sänger aber nicht verantwortlich, der Großteil der Schuld liege beim Veranstalter und den Sicherheitsmitarbeitern. Randy Blythe wird freigesprochen und darf das Land verlassen.

Später erklärt Blythe in einem langen und emotionalen Blogbeitrag, dass er sich nach dem Verfahren mit Daniels Familie getroffen habe: »Ich kann euch nicht sagen, wie es sich anfühlt, in die Augen einer Mutter zu blicken, deren Sohn nicht mehr lebt, weil er ein Konzert deiner Band, seiner Lieblingsband, besucht hat.« Blythe verspricht dem Vater des Jungen, sich für mehr Sicherheit bei Shows einzusetzen. Die Mutter fragt den Amerikaner, ob er eines Tages einen Song für Daniel singen könne. Die Antwort: »Ich werde viele Songs für ihn singen.«

Marilyn Manson bedroht einen Journalisten und flüchtet in den Trump Tower

Natürlich müssen Künstler nicht immer einverstanden damit sein, was die Medien über sie so berichten. Doch glaubt man den Anschuldigungen des Journalisten Craig Marks, überspannt Marilyn Manson den Bogen am 23. November 1998 gewaltig.

Der letzte US-Termin der Tour zum Album *Mechanical Animals* führt Marilyn Manson und seine Band 1998 nach New York in den Hammerstein Ballroom. Nach der Show bestellt er den Musikjournalisten Craig Marks, leitender Redakteur des *Spin*, zu einer Unterredung in seine Garderobe. Ein freundliches Schwätzchen wird daraus nicht, denn es kommt zum Streit, weil das Heft Manson nicht oder nicht alleine auf das Titelbild gepackt hat.

Nach der Schilderung von Marks verliert der Sänger mit Schwung die Contenance und lässt seinen Besuch wissen: »Ich kann dich töten, deine Familie auch und alle, die du kennst.« Anschließend packen zwei Bodyguards den Autor am Hals und drücken ihn an eine Wand, bis er keine Luft mehr bekommt und starke Schmerzen erleidet. Manson sieht dabei angeblich zu und erklärt anschließend: »Das passiert, wenn du mich nicht respektierst.« Wieder freigelassen, muss sich Marks im Krankenhaus behandeln lassen.

Anderthalb Monate später, am 4. Januar 1999, reicht der Journalist deshalb eine Klage auf mehrere Millionen Dollar Schadensersatz und Schmerzensgeld ein. Manson streitet die Vorwürfe – natürlich – ab und spricht lediglich von einer »Unterhaltung« über das »unreife Geschäftsverhalten« des Magazins. »Ich habe ihm erklärt, dass mir egal ist, was sie über mich drucken oder ob ich auf den Titel komme. Ich wollte einfach nicht mehr mit ihm oder dem Heft zusammenarbeiten.« Keine zwei Wochen darauf, am 16. Januar, reicht der Musiker, der im echten Leben Brian Warner heißt, sogar Gegenklage wegen Verleumdung ein. Den Vorfall selbst bestreitet er darin nicht, aber das Ganze habe »nur zwei Sekunden gedauert«. Der Musiker und seine anwaltliche Vertretung behaupten, die Bodyguards hätten nur eingegriffen, weil der Journalist plötzlich die Hände aus den Taschen gezogen habe. Zur Verhandlung kommt es nicht, man einigt sich außergerichtlich. Damit ist die Angelegenheit juristisch vom Tisch.

Interessanterweise erzählt Manson fast 20 Jahre später gegenüber den Zeitschriften *Rolling Stone* und *Alternative Press* sinngemäß: »Ich habe dem Chefredakteur von *Spin* eine Knarre in den Mund gesteckt und mich vor der Polizei im Trump Tower versteckt.« Hier sei angemerkt, dass von einer Waffe und der Polizei bisher nie die Rede gewesen war. Das klingt eher nach Angeberei als nach einem Dementi. Der Rocker, ehemals selbst Musikjournalist, bringt das Thema in beiden Interviews sogar selbst zur Sprache.

Und was hat der Mann eigentlich mit Donald Trump zu tun? Ein Fan des ehemaligen US-Präsidenten scheint Manson, der Figur des geköpften Mannes in seinem Video zum Stück »Say10« nach zu schließen, nicht zu sein. 2012 wählt er Barack Obama, wie die *Washington Post* schreibt, 2016 gibt er keine Stimme ab. Warum Manson sich also 1998 im Trump Tower verstecken durfte, ob das überhaupt stimmt und ob (oder wie sehr) er sich damals in New York danebenbenommen hat, bleibt nebulös.

Gar nicht nebulös, sondern erschreckend detailliert sind hingegen die Anschuldigungen, die im Frühjahr 2021, also 23 Jahre nach dem Vorfall von New York, gegen den Rockstar vorgebracht werden. Mehrere Frauen, darunter seine ehemalige Verlobte, die Schauspielerin Evan Rachel Wood, geben an, Marilyn Manson habe sie psychologisch und sexuell missbraucht, eingesperrt, bedroht und/oder sogar vergewaltigt. Umgehend verliert Manson seinen Plattenvertrag, seine Booking-Agentur und seinen Manager, bestreitet jedoch sämtliche Vorwürfe. In der Folge gehen weitere Anschuldigungen und Anklagen von mutmaßlichen Opfern ein; Berichte von Zeitzeugen aus dem Umfeld Mansons bestätigen weitestgehend das sich abzeichnende Bild. Die juristischen Untersuchungen laufen bei Drucklegung dieses Buchs noch.

Stachelt »Used To Love Her« von Guns N' Roses zu einem Mord an?

Man soll Rocksongs ja nicht immer für bare Münze nehmen, vor allem, wenn sie offensichtlich als Scherz gemeint sind. Am 17. August 2002 allerdings hat ein Mann aus Jacksonville, Florida, da wohl was durcheinandergebracht …

Justin B. lädt an diesem Tag »Used To Love Her« von Guns N' Roses runter – und bringt ein paar Stunden später seine Frau um. Der Songtext wird deshalb später sogar im Gerichtssaal untersucht. Darin heißt es: »I used to love her, but I had to kill her, and I still can hear her complain«, auf Deutsch: »Ich habe sie mal geliebt, aber ich musste sie töten und ich kann ihr Gemecker immer noch hören.« In der Verhandlung verteidigt sich der damals 30-Jährige laut *ABC News* damit, seine Ehefrau und er seien überfallen worden, dabei habe der Täter auf beide geschossen. April B. stirbt, Justin B. selbst trägt vier Schusswunden davon, die die Polizei als »oberflächlich« beschreibt. Zudem kommen eine Affäre, Schulden und eine hohe Versicherungssumme ans Tageslicht, vor allem aber die Erkenntnis, dass der Mann sechs Monate vor der Tat im Internet unter anderem zu Schusswunden in die rechte Hälfte des Brustkorbs recherchiert hatte. Weil auch die forensische Untersuchung am Tatort seiner Geschichte widerspricht, wird er voraussichtlich den Rest seines Lebens im Gefängnis verbringen. »Used To Love Her« hatte Justin B. erst am Tag der Tat zusammen mit 15 anderen Liedern runtergeladen – doch nur dieses eine löschte er.

Dass die Nummer als Gag gemeint ist, kann man eigentlich nicht missverstehen. Vielleicht ließ sich Herr B. also inspirieren oder fand den Text einfach passend. Den Komponisten kann man das sicher nicht zur Last legen. Allerdings mussten sich Guns N' Roses für das offensichtlich ironische Lied mehrfach rechtfertigen, seit es am 29. November 1988 auf der Übergangsplatte *GNR Lies* erschien. Auf dem Cover steht dazu sogar: »Ein Witz, mehr nicht. Eigentlich selbsterklärend, wenn ihr mich fragt!« Spaß macht »Used To Love Her« tatsächlich, ein flotte halbakustische Rock-'n'-Roll-Nummer im Stil von »Dead Flowers« der Rolling Stones. Wie man in manchen Videos sehen kann, muss sogar Axl beim Singen grinsen. Abgesehen von Slashs tollem countrygefärbtem Solo lässt sich das Ding prima und ohne Todesgefahr auf der Akustikklampfe schrammeln. Ausgekoppelt wird der Track nur als B-Seite einiger späterer Editionen der »Paradise City«-Single, dient aber immerhin als Vorlage für ein T-Shirt-Motiv. Die erste Liveaufführung findet am 30. Oktober 1987 in New York statt, während der Tour zu *Appetite For Destruction* taucht »Used To Love Her« noch öfter, später aber nur noch sporadisch in den Setlisten auf.

Viele Fans gehen davon aus, dass Axl Rose hier über eine Freundin oder eher Ex-Freundin singt. (Sein »Sweet Child O' Mine« Erin Everly dürfte es allerdings nicht gewesen sein, denn die heiratet er 1990 sogar.) Gitarrist Izzy Stradlin widerspricht: »Ich habe im Radio einen Song gehört, in dem ein Typ darüber rumheult, wie eine Frau ihn schlecht behandelt. Ich wollte das Gerät echt an die Wand werfen – was ein Selbstmitleid, was ein Waschlappen! Also haben wir den Song noch mal selbst geschrieben, aber mit einem besseren Ende.« Bassist Duff McKagan findet: »Wer sich daran stört, hat keinen Humor.« Und Leadgitarrist Slash eröffnet verwirrenderweise: »Genau genommen handelt das Stück von Axls Hund …«

Internet im Arbeitsamt wird Iron-Maiden-Veteran Paul Di'Anno zum Verhängnis

> *Eine Geschichte aus der Sparte »Oh, das war aber jetzt doof«: 2011 bezieht der frühere Iron-Maiden-Sänger Paul Di'Anno Stütze, verdient aber gleichzeitig Geld auf Tour. Bis die Mitarbeiter der Behörde ins Internet schauen …*

Seinen Fußabdruck in der Musikhistorie hat Paul Di'Anno zweifelsohne hinterlassen. Die beiden Alben, die er mit Iron Maiden eingesungen hat, gehören zu den Grundlagen des klassischen Heavy Metal. *Iron Maiden* (1980) und *Killers* (1981) sind Klassiker, deren Tracklist jeder Fan nachts um zwei am Festivaltresen runterbeten kann.

Nach seinem Ausscheiden treibt sich Di'Anno mit einigen anderen Bands in der Weltgeschichte herum, mal als Solokünstler, mal als

Frontmann von Gogmagog, Battlezone oder Killers, zuletzt mit wechselnden Begleitmusikern, die vor allem Maiden-Klassiker spielen. Ein Vermögen macht er damit nicht, gleichzeitig geht es ihm gesundheitlich schlecht, wodurch ihm das Arbeiten schwerfällt. Deshalb bezieht er Unterstützung vom britischen Staat.

Auf Tour geht er allerdings trotzdem. Dummerweise lässt sich das im Internet nachvollziehen: Jede Menge Livevideos tauchen auf und nicht zuletzt schlicht die Tourdaten. Das bekommen die Behörden mit. Einmal »Paul Di'Anno« bei YouTube eingetippt und in irgendeiner Amtsstube in Großbritannien bemerkt jemand in Sekunden (womöglich zum Refrain von »Running Free«), dass der Musiker seinem Beruf nachgeht, und zwar weltweit und jahrelang. Mit Unterstützungszahlungen von 45 000 Pfund verträgt sich das nicht so gut.

Deshalb wird Di'Anno, der eigentlich Paul Andrews heißt, 2011 vor Gericht gestellt und am 11. März verurteilt. Die Richterin wirft dem damals 52-jährigen Sänger vor, über Jahre »das Land eine Menge Geld gekostet zu haben«. Di'Anno wird zu neun Monaten Haft verurteilt. Kein schöner Karriereausklang. Im Rock 'n' Roll war früher vielleicht nicht alles besser, aber Heimlichkeiten fielen sicher einfacher …

Slayer tauchen in einem Mordprozess auf

Dass Leroy Smith III 2015 im US-Bundesstaat Maine vor Gericht steht, verwundert nicht, denn den Mord an seinem Vater hat der 25-Jährige bereits gestanden. Was er zu seiner Verteidigung anführt, mutet allerdings sonderbar an. Irgendwie soll die Band Slayer ihre Finger mit im Spiel haben …

Bei der Anhörung am 5. Januar 2015 steht die Entscheidung an, ob der junge Mann schuldfähig ist und für den Mord im Jahr zuvor belangt werden kann. Smith III soll seinen Vater erstochen und zerteilt haben; entsprechende Beweise findet die Polizei an den Tatorten. Nach eigenen Angaben wurde Smith III ein Leben lang sexuell missbraucht und deswegen mehrfach psychiatrisch behandelt. Alles nicht schön.

Allerdings läuft die Geschichte, die der mutmaßliche Täter erzählt, immer weiter aus dem Ruder. Sogar seine eigenen Anwälte raten ihm davon ab, dabei zu bleiben, und weigern sich, diese »Spuren« zu verfolgen. Smith III erklärt: »Mir wurde 2011 eine Pistole an den Kopf gesetzt und ich musste schwören, dass ich nicht verrate, wer ich bin.« Mehrfach fordert ihn der Richter auf, diese Erzählung zu beenden. »Bisher wurde gegen keinen der Verantwortlichen ermittelt«, führt der Angeklagte jedoch weiter aus. »Die ganze Band Slayer war anwesend. Mir wurde gesagt, sie würden zu weit gehen.« Das wirkt also alles ziemlich befremdlich, zumal die Anwälte in der lokalen Presse berichten, Smith III sei der Meinung, man solle »gewisse Metal-Bands vorladen, damit sie erklären, warum er nicht bei ihnen spielen darf«. Er bezeichnet sich als einen politischen Gefangenen; eine psychologische Untersuchung ergibt, dass sich der junge Mann für Gott und/oder den besten Gitarristen der Welt hält.

Auf die Frage, ob Slayer tatsächlich irgendwo in Maine um einen jungen Langhaarigen rumstehen, während er mit einer Waffe bedroht wird, geht der Richter erwartungsgemäß nicht ein, sondern entscheidet, dass Leroy Smith III verhandlungsunfähig ist (»unfit for trial«), und übergibt ihn den entsprechenden Gesundheitsbehörden. Eine traurige Geschichte. Wegen der Slayer-Referenz geht die Meldung um die Welt, renommierte Zeitungen wie der britische *Guardian* und alle großen Krachmusik-News-Seiten berichten.

Es ist nicht das erste Mal, dass man Slayer die Schuld an einem Verbrechen gibt. So werden zum Beispiel Erinnerungen an den schrecklichen Mord an einem 15-jährigen Mädchen in Kalifornien im Jahr 1995 wach. Die drei ebenfalls jugendlichen Täter hatten in der Verhandlung angeben, »dem Teufel ein Opfer bringen« zu wollen, um mit ihrer eigenen Band erfolgreich zu sein. Die Eltern des Opfers suchen nach weiteren Erklärungen und machen schlussendlich Slayer für die Bluttat verantwortlich, weil insbesondere deren Songs »Postmortem« und »Dead Skin Mask« angeblich genaue Anweisungen geben, wie man Menschen misshandelt und tötet. (Tatsächlich dreht sich »Dead Skin Mask« aus der Feder von Sänger Tom Araya, einem bekennenden Christen, um die Verbrechen des Serienkillers Ed Gein.)

Im Prozess verlangen die Eltern Schadensersatz und die Indizierung der Musik von Slayer. Das Gericht urteilt jedoch im Sinne der Rede- und Kunstfreiheit und stellt vor allem fest, dass es keine juristische Position gibt, nach der man die Band für den Tod des Mädchens verantwortlich machen kann. In der Urteilsbegründung heißt es: »Wo zieht man die Grenze? Dann müsste man damit anfangen, jedes Buch in der Bibliothek durchzuschauen.« Auch eine zweite Klage wegen »wissentlicher Verbreitung schändlichen Materials an Jugendliche« scheitert. Der vorsitzende Richter kommentiert: »Ich betrachte die Musik von Slayer weder als obszön noch als unanständig oder schädlich für Minderjährige.« Einer der drei Täter bestätigt später in einem Interview mit der *Washington Post*: »Die Musik ist destruktiv, aber deswegen wurde sie nicht ermordet.«

Metal-Musiker werden aber nicht nur bezichtigt, Morde zu provozieren, sondern sollen auch zum Selbstmord anstiften. Ozzy Osbourne etwa steht 1984 und 1986 deswegen vor Gericht. Stein des Anstoßes ist vor allem sein Stück »Suicide Solution«, das allerdings von Alkoholsucht handelt (»Solution« bezeichnet hier eine Flüssigkeit). Osbourne wird beide Male freigesprochen.

1990 geraten Judas Priest in den Fokus, weil die angeblich versteckte Aufforderung »Do it!« im Song »Better By You, Better Than Me« zwei Teenager zum Suizid angestachelt haben soll. Hier liegt die juristische Besonderheit darin, dass versteckte Botschaften, wenn es sie denn gibt, nicht der Meinungsfreiheit unterliegen, da sie nicht Teil eines Gesprächs sind. Ob Judas Priest überhaupt irgendetwas in der Aufnahme versteckt haben, wird im Detail untersucht; Sänger Rob Halford muss die entsprechenden Zeilen sogar im Gerichtssaal vorsingen. Nach fünf Wochen fällt das Urteil, die Band wird erwartungsgemäß freigesprochen. Begründung: Versteckte Botschaften können nicht für den Suizid verantwortlich gemacht werden und ein echtes »Do it!« ist nicht zu hören. Der Richter entscheidet, die vermeintlichen Stellen seien nur versehentliche Überschneidungen in den Backing Vocals. Die Vernunft hat also gesiegt und die Musiker sind zu Recht aus dem Schneider. Den Verstorbenen und ihren Familien hilft das leider nicht.

9

BIOGRAFIEN

Das Leben der Rockstars abseits der Bühne

»It's my life«

Kiss-Schlagzeuger Peter Criss hat einen Doppelgänger und (womöglich) eine Geliebte

Ex-Rockstar lebt auf der Straße! Anfang 1991 behauptet ein US-amerikanisches Klatschblatt, der ehemalige Kiss-Drummer Peter Criss sei völlig abgestürzt und obdachlos. Als der seinen Ruf in einer Talkshow verteidigen will, wird es sonderbar. Denn ziemlich schnell geht es um etwas anderes, nämlich seine Ehe ...

Eigentlich kann Peter Criss Anfang der Neunziger eine ruhige Kugel schieben. Seit über zehn Jahren gehört er nicht mehr zu Kiss, seine Solokarriere macht, um es positiv zu formulieren, nicht so richtig viel Arbeit. Also könnte der 45-Jährige das Eheleben mit dem *Playboy*-Model Debra Jensen genießen und der neunjährigen Tochter Jenilee beim Aufwachsen zusehen. Doch am 8. Januar 1991 behauptet das Klatschblatt *The Star* in einer Titelgeschichte, dass der ehemalige Rockstar seine Millionen durchgebracht habe und jetzt dauerbesoffen ohne festen Wohnsitz am Strand von Santa Monica lebe. Um das zu belegen, druckt die Zeitung ein Interview mit einem Obdachlosen, der sich seit Jahren als Peter Criss ausgibt.

Peter wundert sich nicht wenig, als sich daraufhin Freunde und Bekannte nach seinem Wohlergehen erkundigen, zumal er sich gerade in New York aufhält, um seiner sterbenden Mutter beizustehen. Der Schauspieler Tom Arnold, ein alter Freund des Drummers, begibt sich sogar nach Santa Monica, um nach dem Rechten zu sehen. Natürlich interessieren sich schnell auch andere Medien für das Leben des Kiss-Veteranen und überfluten ihn mit Anfragen.

So richtig aus dem Ruder läuft die Angelegenheit aber erst, als Peter Criss in der Talkshow *Donahue* seinen »Doppelgänger« von Angesicht zu Angesicht trifft. Der heißt in Wirklichkeit Christopher Dickinson, ist 39 Jahre alt, hat ein massives Alkoholproblem und bisher nicht viel Glück im Leben gehabt. Jahrelange Sauferei hat seine Leber und seine

Nieren angegriffen, er lebt auf der Straße – und gab sich irgendwann als Peter Criss aus, um Unterstützung von Kiss-Fans abzugreifen. Schnell wird klar: Der Mann ist vor allem zu bemitleiden. Deshalb verwundert es nicht, dass er das Angebot eines Starreporters bereitwillig annahm: Für ein Foto und ein Interview bekam Dickinson 500 Dollar und drei Nächte in einem Motel, beides in seiner damaligen Situation großer Luxus. Doch in dem nun folgenden Drama wird er rasch zur Nebenfigur.

Denn ebenfalls am Tisch sitzt Cheryl Ann Thompson, eine 28-jährige Schauspielerin. Spuren ihrer filmischen Tätigkeiten lassen sich heute nicht mehr finden, die Rede ist von Serien wie *Matlock* und *Simon & Simon*. Sie behauptet, 1981 eine fünfmonatige Affäre mit Peter Criss gehabt zu haben – just zu der Zeit, als seine Frau Debra gerade mit dem gemeinsamen Kind schwanger war. Und plötzlich sieht sich der Musiker gezwungen, seine Ehe zu verteidigen.

Was folgt, ist unangenehmes Trash-TV, bei dem sogar noch Criss' Ex-Frau Lydia telefonisch zugeschaltet wird und seine aktuelle Partnerin Debra Jensen im Publikum sitzt. Vor allem Thompson bekommt heftigen Gegenwind; selbst die Tatsache, dass sie den »enttarnten« Dickinson überraschenderweise einen Monat bei sich zu Hause aufnimmt, wird ihr angekreidet. Warum sie den Mann selbstlos von der Straße holt, erklärt sie nicht; einen Beweis für die behauptete Affäre bleibt sie ebenso schuldig, selbst wenn manche Beobachter ihr durchaus Glaubwürdigkeit attestieren.

Immerhin sind sich alle einig, dass die wirklichen Übeltäter in der Redaktion des *Star* sitzen. Denn das Blatt hat mit der Veröffentlichung vom 8. Januar 1991 nicht zum ersten und nicht zum letzten Mal einen Artikel unter Missachtung sämtlicher journalistischen Sorgfaltspflichten veröffentlicht. So wäre es ein Leichtes gewesen, die Behauptung des falschen Peter Criss durch einen Anruf beim Management des echten zu widerlegen. Man darf also davon ausgehen, dass die Redakteure des *Star* genau wussten, dass die Rockstar-in-der-Gosse-Geschichte schlicht nicht stimmt. Deshalb verklagen Criss und seine Frau die Zeitung am 26. August desselben Jahres, erst im April 1993 wird der Streit außergerichtlich beigelegt, allem Anschein nach gegen üppige Schadensersatzzahlungen.

Peter Criss, der wegen dieses Skandälchens zum ersten Mal nach langen Jahren wieder in der breiten Öffentlichkeit aufgetaucht war, bringt 1994 noch ein leider vernachlässigbares Soloalbum namens *Cat #1* unter die Leute, bevor er 1996 an der immens erfolgreichen Kiss-Reunion teilnimmt. Über Cheryl Ann Thompsons Werdegang ist nichts bekannt, manche Fans wollen auf Facebook entdeckt haben, dass sie als Krankenschwester arbeitet. Christopher Dickinson hatte 1991 gegenüber dem Magazin *People* die Bereitschaft verkündet, sich in den Alkoholentzug zu begeben. »Ich will gesund werden«, sagte er damals. »Von normalen Leuten umgeben zu sein, wirkt Wunder. Ich bin einfach glücklich, von der Straße runter zu sein.« Was aus ihm geworden ist, lässt sich nicht herausfinden. Hoffen wir das Beste.

Jon Bon Jovi heiratet seine Jugendliebe – heimlich

> *Es klingt fast nach dem Drehbuch einer Hollywoodschnulze: Junge lernt Mädchen in der Schule kennen, sie verlieben sich. Junge wird zum Rockstar, die Beziehung zerbricht daran. Junge geht mit Models und Schauspielerinnen aus, kann sein Schulmädchen aber nicht vergessen. Also klopft er wieder an ihre Tür, erobert sie zurück und heiratet sie. Und dann leben sie glücklich bis ans Ende ihrer Tage. Hach. So was gibt es nur im Film – und im Leben von Jon Bon Jovi und seiner Frau Dorothea Hurley.*

Los geht die schöne Geschichte 1980 in einer Schulstunde: John Francois Bongiovi Jr. lernt im Geschichtsunterricht seine Mitschülerin Dorothea Hurley kennen, die zu dem Zeitpunkt noch mit einem seiner Kumpels liiert ist. Doch der schreibt sich bei der Navy ein, also ergreift John seine Chance. »Er hat die Stadt verlassen«, erinnert sich der Musiker später. »Ich habe ihm danach drei Wochen Zeit gegeben, bevor ich mit Dorothea ausgegangen bin. Damit war die Sache besiegelt.« Aus John Francois Bongiovi Jr. wird in den nächsten Jahren Jon Bon Jovi. Der Sänger macht im selben Jahr seine erste professionelle Aufnahme (ein Duett mit R2-D2!) und schreibt fleißig Songs. Dorothea ist an seiner Seite, als das Lied »Runaway« 1983 einen Radiowettbewerb gewinnt und Jon kurz darauf mit David Bryan, Richie Sambora, Alec John Such und Tico Torres die Band Bon Jovi gründet. Die Jungs unterschreiben einen Plattenvertrag, veröffentlichen ihr Debütalbum und gehen im Vorprogramm von Kiss und den Scorpions international auf Tour.

Doch die junge Liebe hält den ewigen Pausen nicht stand (seufz!), Dorothea verspürt wenig Lust, ständig auf ihren Freund zu warten. Nach vier Jahren trennt sich das Paar, Jon bandelt vorübergehend mit Schauspielerin Diane Lane an. Weil der Rockstar sein Highschool-Sweetheart aber nicht vergessen kann (doppelseufz!), beendet er die kurze Liebelei mit Lane (die sich daraufhin Gitarrist Richie Sambora geschnappt haben soll) und macht sich auf den Weg zur Rückeroberung Dorotheas. »Ich bin zu ihr nach Hause gefahren und habe die ganze ›Bitte komm zu mir zurück!‹-Nummer abgezogen. Glücklicherweise hat sie das überzeugt.« Mit den Alben *Slippery When Wet* (1986) und *New Jersey* (1988) landet die Band zwei Nummer-eins-Megaerfolge hintereinander, Bon Jovi stehen damit Ende der Achtziger auf dem Höhepunkt ihrer Karriere. Jeden Abend spielt die Band vor Zehntausenden von Fans, und geschätzt die Hälfte will dem Frontmann an die Wäsche. Doch der entscheidet sich, die Sache mit Dorothea endlich zu besiegeln. Nach drei aufeinanderfolgenden Konzerten im Forum in Los Angeles (25.–27. April 1989) überlegt sich der Sänger gar nicht erst lange, wie er um die Hand seiner Freundin anhalten soll. Er steht am einzigen freien Tag, dem 28. April, im Hotelzimmer am Fenster und sagt plötzlich zu ihr: »Ich habe eine Idee. Warum heiraten wir nicht jetzt sofort?« Obwohl Dorothea ihn erst für verrückt erklärt, willigt sie schließlich ein. Das Paar steigt in ein Flugzeug und jettet nach Las Vegas, die Stadt der Ruckzuck-Hochzeiten.

Um 23.45 Uhr erscheinen die beiden samt Pastor George L. Cotton an der Graceland Wedding Chapel, die sich das Paar wegen der Verbindung zu Elvis ausgesucht hat. Ohne musikalische Begleitung, in Jeans und Lederjacke, unter freiem Himmel und mit einem Taxifahrer als Zeugen heiraten Jon Bon Jovi und Dorothea Hurley gegen Mitternacht. Auf der Heiratsurkunde ist deshalb auch der 29. April als Datum vermerkt.

Noch in derselben Nacht kehrt das Paar zurück nach Los Angeles, es ist Samstag, abends spielt Jon ein Konzert in Mountain View. Bereits am Montag gibt es erste Berichte über die Hochzeit, Abertausenden von meist weiblichen Fans bricht ein bisschen das Herz. Manager Doc McGhee reagiert stinksauer. »Er hat getobt: ›Amerikas begehrtester Junggeselle ist jetzt verheiratet! Kein guter Karriereschritt‹«, berichtet Jon Bon Jovi. Und nicht nur McGhee beschwert sich über diese heimliche Hochzeit. Die Familien des Paares, Freunde und sogar die Plattenfirma zeigen sich ungehalten – die einen, weil sie nicht dabei sein konnten, die anderen, weil sie negative Auswirkungen auf die Plattenverkäufe befürchten. »Ich musste mir ganz schön was anhören«, erinnert sich der Musiker. »Die Band, meine Eltern, Doc – sie alle waren angepisst. Ich habe ein paar Tage gebraucht, bis mir klar wurde, dass es mich einen Scheiß kümmert, was die anderen denken.« Offensichtlich zu Recht: Dorothea und Jon sind immer noch verheiratet, haben vier Kinder, arbeiten zusammen und gelten als Vorzeigepaar des Showgeschäfts. Selbst wenn er zugibt, in all den Jahren auch schon mal »Aussetzer« gehabt zu haben, sagt er deutlich, dass man niemals über ihn lesen werde, dass er eine Affäre habe oder eine zweite Familie am anderen Ende der Stadt. »Ich bin irgendwann zur Symbolfigur für lang verheiratete Rockstars geworden. Aber damit kann ich gut leben, weil ich glücklich bin.« Übrigens: Der Musiker verriet vor einiger Zeit, dass eigentlich alle seine Balladen von Dorothea inspiriert sind. »Sie ist die Muse für die ganzen klebrigen Schnulzen, die ich schreibe. Das ist doch offensichtlich.« Im Video zu »Born To Be My Baby« von 1988 ist sie sogar kurz zu sehen, als sie ihren – damals noch – Freund im Studio besucht und er sie in den Arm nimmt. Hach, ist das schön!

»God is gay«: Das Coming-out des Metal-Gottes

Ob Rob Halford nun gerne Briefmarken sammelt, schwul ist oder schlecht in Mathe war: Für Fans spielt das alles keine Rolle angesichts seiner einzigartigen Stimme, die bei Judas Priest Geschichte geschrieben hat. Als der »Metal God« zum ersten Mal öffentlich erklärt, homosexuell zu sein, wird das natürlich trotzdem prompt Gesprächsthema.

Halford befindet sich damals in einer musikalischen Experimentierphase. Er ist 46 Jahre alt, sieben Jahre zuvor hat er die Hartmusikinstitution Judas Priest verlassen, gerade macht er Industrial-Metal mit dem Gitarristen John 5, der später bei David Lee Roth, Marilyn Manson und Rob Zombie auftauchen wird. Die gemeinsame Band heißt Two, das anstehende Debüt *Voyeurs* produziert Trent Reznor von Nine Inch Nails – was man deutlich hört.

Seine Homosexualität hat Halford bis zu diesem Zeitpunkt geheim gehalten, in der Ära vor Internet und Smartphones wissen zumindest die headbangende Allgemeinheit und die nichtmetallische Öffentlichkeit wenig über diesen Teil seines Privatlebens, selbst wenn natürlich Gerüchte durch die Welt geistern. Das ewige Versteckspiel, die Einsamkeit sowie Sorge um Ruf und Karriere setzen dem Sänger allerdings massiv zu. Seine 2020 veröffentlichte Autobiografie *Confess* (deutsch: *Ich bekenne*) macht sehr deutlich, wie grundlegend unglücklich sich einer der größten Stars der Rockwelt trotz aller Erfolge damals fühlt und wie er sich deswegen lange Zeit in Alkohol und Drogen flüchtet.

Trotzdem und auch nach erfolgreichem Entzug sieht Halford nicht die Möglichkeit, seine Homosexualität öffentlich zu machen, und leidet weiter. Bis zu jenem 4. Februar 1998. Da sitzt der Sänger im New Yorker MTV-Studio bei einem Interview zu seiner neuen Platte – und entscheidet sich spontan zum Coming-out. Vor laufender Kamera erklärt er: »Die meisten Leute dürften wissen, dass ich schon mein ganzes Leben lang ein schwuler Mann bin. Aber erst in letzter Zeit fühle ich mich wohl dabei, darüber zu sprechen. Ich lebe gut damit, seit ich meine eigene Sexualität erkannt habe. Es gibt für alles einen richtigen Moment und das hier ist er.« Für sein Umfeld stellt diese Eröffnung kein Geheimnis dar, für die Fanscharen und die Welt im Allgemeinen aber schon. Vor allem passieren Coming-outs im Metal-Universum selten, obwohl es da natürlich statistisch nicht weniger Homosexuelle gibt als anderswo. Was bedeutet: Es redet nur keiner darüber. Der erste Krachmusiker, der seine Homosexualität öffentlich thematisiert, war Faith-No-More-Keyboarder Roddy Bottum fünf Jahre zuvor. Im *Rocks*-Magazin sagt er Dekaden später: »Die Welt um uns herum war sehr hetero, Schwules gab es gar nicht. Rob Halford hatte sich noch nicht geoutet, Bob Mould von Hüsker Dü auch nicht. Es gab keinerlei Vorbilder, niemanden. Das hat sich ziemlich beängstigend angefühlt. Man kann sich heutzutage nicht vorstellen, was daran so problematisch gewesen sein soll, aber das war es.« Im MTV-Gespräch gibt Halford zu Protokoll, dass es ihm vorher nicht möglich war, mit seiner Homosexualität offen umzugehen. Er weist darauf hin, dass Priest-Songs allerdings schon immer Metaphern, Anspielungen und auch deutliche Zeilen in diese Richtung enthalten haben, etwa in »Raw Deal« vom dritten Album *Sin After Sin* 1977. Dort heißt es: »Steely leather guys were foolin' with the denim dudes«. Nun gibt es im Metal nicht nur genauso viele Schwule wie anderswo, es gibt auch genauso viele Homophobe, womöglich wegen der intrinsischen Machohaftigkeit der Kunstform sogar mehr.

Doch die Szene reagiert zum weitaus größten Teil positiv, genau genommen schert sie sich nicht groß um dieses Outing. Halford erhält unfassbare Mengen an Nachrichten und Briefen voller Zustimmung, Unterstützung und auch Dank. Nur eine »winzige, winzige Minderheit an religiösen Fanatikern« will nie wieder seine Musik hören und sagt ihm eine Ewigkeit in der Hölle voraus. »Aber wisst ihr, was?«, fragt Halford in seinem Buch, »Ich denke nicht, dass ich diese Leute sehr vermissen werde.« In seiner unmittelbaren Umgebung, unter den Menschen, die ihn lange und gut kennen, lautet eine häufige Reaktion: »Wissen wir seit Jahren, du blöder Idiot!« Vor allem aber fühlt er sich endlich frei: »Fünfundzwanzig Jahre lang habe ich als Heavy-Metal-Sänger die Wahrheit über mich selbst versteckt und eine Lüge gelebt. Das alles habe ich in ein paar Sekunden hinter mich gebracht. Das war es! Das Ende! Ich musste mich nicht mehr verstellen, nichts mehr verbergen. Endlich konnte ich ich selbst sein. Und es fühlte sich verdammt noch mal großartig an!« Die meisten Fans beschäftigt aber vor allem, wann er endlich, endlich wieder bei den mächtigen Judas Priest singt (was mit der gefeierten Reunion 2003 tatsächlich passiert). Der *Metal Hammer* überschreibt die Meldung zu Halfords Coming-out damals mit »God is gay!« – einmal Metal-Gott, immer Metal-Gott. Fertig. Heute lebt Rob Halford seit über zwei Dekaden in einer festen Beziehung mit seinem Ehemann Thomas.

So egal die geschlechtliche Orientierung eines großartigen Sängers für seine Musik auch ist: Es dauert noch eine Weile, bis die Zahl der öffentlich homosexuell lebenden Kollegen und Kolleginnen zunimmt. So muss zum Beispiel Doug Pinnick, Frontmann von King's X, Anfeindungen vonseiten christlicher Organisationen hinnehmen, ein Vertrieb kündigt die Zusammenarbeit. Heute stehen Halford, Pinnick und Bottum nicht mehr alleine da, bekannte homosexuelle, bisexuelle oder transsexuelle Stars der härteren Töne sind zum Beispiel Paul Masvidal und Sean Reinert von den Death-Metal-Virtuosen Cynic, Sängerin Skin von Skunk Anansie, Mina Caputo von Life Of Agony und der ehemalige Gorgoroth-Satansbraten Gaahl. Im Mainstream-Bereich kennt man natürlich Freddie Mercury, Elton John, George Michael und Melissa Etheridge. Im Vergleich zur demografischen

Häufigkeit von Homosexualität fallen diese Zahlen trotzdem gering aus. Es tauchen auch lustige Geschichten aus Halfords wilden Zeiten mit Priest auf: So gibt es ein Interview mit weiblichen Fans, die am liebsten über den Sänger »herfallen« würden – was der natürlich nur mit einem amüsierten Lachen quittieren kann. Ein andermal gibt er zu Protokoll, dass seine Kollegen sich nach der Show gerne auf Partys rumgetrieben und Mädels aufgerissen haben, während er oft nur im Hotelzimmer gesessen oder sich zum »Cruisen« auf Truck-Stop-Toiletten herumgetrieben hat.

Lustig mutet in der Rückschau auch der Gedanke an, dass vor allem die frühe Metal-Szene womöglich latent schwulenfeindlich gewesen sein dürfte, ihr Stil aber maßgeblich von Outfit eines schwulen Musikers geprägt wurde. Das heißt: Leder, Nieten, Lack, Referenzen an die S&M-Kultur. Vor allem ab 1978 und *Killing Machine* ist bei Priest und insbesondere Halford nämlich Schluss mit Hippieklamotten. Heutzutage spielen die Themen Homosexualität und Transgender in der harten Musik keine (oder zumindest eine zusehends kleinere) Rolle; ob unser Mann schlecht in Mathe war, schwul ist oder Briefmarken sammelt, interessiert niemanden. Hauptsache, Rob Halford singt wieder bei Judas Priest. Metal rules.

Bruce Dickinson von Iron Maiden wird Berufspilot

> *Als Sänger von Iron Maiden ist Bruce Dickinson eine Legende für ein ganzes Genre. Trotzdem lässt er sich neben der bestens laufenden internationalen Musikkarriere 2002 hauptberuflich als Pilot anstellen, um im Cockpit von Jumbojets zu sitzen. Das wirft natürlich ein paar Fragen auf zur Vereinbarkeit von Hobby und Beruf.*

Dickinsons Leidenschaft für die Luftfahrt beginnt schon während der frühen Neunziger. Wie er in seiner lesenswerten Autobiografie *What Does This Button Do?* erzählt, macht er damals in Florida einen

Pilotenschein und geht diesem Hobby nach seinem (vorläufigen) Ausstieg bei Maiden 1993 mit zunehmender Professionalität nach. So denkt er zu Beginn seiner Solokarriere ernsthaft über einen Berufswechsel nach: »Ich habe Lebensläufe verschickt, in denen nichts davon stand, dass ich bei Iron Maiden gesungen habe«, erzählt er dem *Guardian*. Irgendwann darf er sogar Passagiermaschinen steuern. 1999 kehrt er allerdings zu Iron Maiden zurück, was seinen Terminkalender deutlich füllt. Die Band unternimmt eine triumphale Welttour nach der anderen und bringt im Jahr 2000 unter großem Applaus das Album *Brave New World* raus.

Trotzdem tritt Dickinson im September 2002 einen »richtigen« Job an, mit Arbeitsvertrag, Jahresgehalt und einer begrenzten Menge an Urlaubstagen: Die britische Fluglinie Astraeus stellt ihn damals offiziell als Pilot für ganz normale Passagierflüge ein. Als Erster Offizier fliegt er vor allem Ziele in Portugal und Ägypten an. Stellt euch mal vor, ihr sitzt im Flugzeug, und plötzlich ertönt die Stimme von Bruce Dickinson über die Lautsprecher: »Scream for me, business class!« Cooler geht's nicht.

Und wie läuft es dann mit der Band? Immerhin erscheint schon 2003 das nächste Album *Dance Of Death* und natürlich ziehen Maiden damit wieder von Mai bis Februar um die Welt. Unser Mann packt das so an wie Horden von Musikern und Musikerinnen aus dem Amateur- oder semiprofessionellen Bereich: Er nimmt unbezahlten Urlaub und muss auch schon mal zwischen zwei Tourblöcken zurück zur Schicht. Da Dickinson aber nie lange stillsitzen kann und sich sowieso immer mit vielen Sachen gleichzeitig beschäftigt, überrascht das kein Stück. 2010 erklärt er gegenüber CNN: »Ich würde die Musik nie aufgeben. Manche Leute fragen mich, warum ich einen zweiten Job brauche. Ich frage dann zurück: Warum musst du atmen?« Für den Briten zählt die Freude an der Sache. »So einen Jet zu fliegen, ist die größte Herausforderung, der ich je begegnet bin«, sagt er 2002 ebenfalls im *Guardian*. »Ich liebe es!« Zudem müssen Piloten eine bestimmte Menge an Flugstunden im Jahr absolvieren, um in Übung zu bleiben und ihre Lizenz nicht zu verlieren. Die 35 000 Pfund Jahresgehalt hingegen dürften angesichts der Erfolge mit Maiden nicht wirklich ins Gewicht fallen.

Bei seinen Einsätzen rettet Dickinson zum Beispiel 2006 Hunderte Landsleute aus einer angespannten politischen Lage im Libanon, befördert zwei Jahre später britische Armeeangehörige aus Afghanistan nach Hause und kutschiert ein paar hochkarätige Fußballmannschaften in der Welt herum. Schon 2005 führt er durch die mehrteilige britische TV-Dokumentation *Flying Heavy Metal.*

Natürlich begegnet er im Job auch Menschen aus seiner bisherigen Welt. Einmal befindet er sich im Zuge eines Trainings in München, gekleidet in voller British-Airways-Montur. Er erzählt: »Da kommt ein Maiden-Fan direkt auf mich zu, mit Shirt und allem. Er spricht mich an: ›Ich habe da mal eine Frage …‹ Ich antworte natürlich: ›Ja, ja, ja‹ – und er fährt fort: ›… ist das der Bus in die Stadt?‹« Manchmal wird er an Bord erkannt, dann wollen die Fans natürlich einen Blick ins Cockpit werfen. Einige aus dem Astraeus-Team stellen sich zudem als Maiden-Freaks und generell Musikgourmets heraus, weswegen sich eine kleine Band für Astraeus-Weihnachtsfeiern gründet.

Ab 2008 verbindet Dickinson seine beiden Hauptbeschäftigungen dann sogar: Iron Maiden chartern eine Boeing 757, lassen unübersehbar ihr Bandlogo und ihr untotes Maskottchen Eddie auf den Rumpf malen und taufen die Maschine auf den Namen »Ed Force One«. Damit bestreiten sie ihre 14 Monate dauernde *Somewhere Back in Time World Tour*, ausführlich dokumentiert im Film *Flight 666.* Der Flugkapitän: Bruce Dickinson. Auch für folgende Tourneen fliegt der Sänger Band, Crew und Ausrüstung durch die ganze Welt. 2016 steigt die Produktion sogar auf eine größere Boeing 747-400 um, für die Dickinson eigens Flugstunden nimmt.

Sein »Day Job« läuft derweil weiter: Am 16. September 2010 wird der Rastlose noch Marketingdirektor von Astraeus Airlines, für die er einige publikumswirksame Videos aufnimmt. Diese Jobs enden, als die Firma Ende 2011 Insolvenz anmelden muss, also gründet Bruce umgehend eine eigene Firma namens Cardiff Aviation, die Maschinen wartet und Piloten ausbildet. 2014 kauft er sich noch eine historische Fokker, um mit einer Gruppe von Flugzeugenthusiasten Luftkämpfe aus dem Ersten Weltkrieg nachzustellen.

Bruce ist übrigens nicht der einzige Metal-Star mit Luftverkehrsambitionen: Maiden-Drummer Nicko McBrain hatte schon Jahre vorher einen Flugschein gemacht und seinen Sänger damit überhaupt erst inspiriert. Der ehemalige Queensrÿche-Gitarrist Chris DeGarmo fliegt mittlerweile hauptberuflich von Seattle aus private Charterflugzeuge. Dickinsons Liebe zur Luftfahrt zeigt sich natürlich auch in Iron-Maiden-Songs aus seiner Feder, etwa »Tailgunner« und »Empire Of The Clouds«. Wie schön, wenn man Leidenschaft und Beruf verbinden kann.

Boxer Mike Tyson hat einen Glücksbringer: Joan Jett

Gerade einmal 3000 Zuschauer passen in das Mid-Hudson Civic Center in der kleinen Stadt Poughkeepsie im Staat New York. In dieser Halle findet am 19. Juli 1985 der Boxkampf zwischen Mike Tyson und Larry Sims statt. Damals schickt sich Tyson gerade an, mit einem Knock-out nach dem anderen zum König seiner Sportart zu werden, Sims hingegen hat schon mehrere Kämpfe verloren. Aber einen Glücksbringer kann man immer gebrauchen …

Der Tag beginnt für Tyson mit einem ganz speziellen Anruf: Rockikone Joan Jett meldet sich eigens in seinem Hotelzimmer, weckt den Boxer sogar auf und wünscht ihm Glück. Und Tyson gewinnt; in der dritten Runde schickt er Larry Sims auf die Bretter. Joan Jett wird so zum Glücksbringer für den abergläubischen Schwergewichtler. Deshalb bittet er die Musikerin, von nun an vor jedem Kampf anzurufen. Das tut sie tatsächlich: Jett klingelt durch, Tyson lässt es bei seinen Gegnern klingeln. Jahrelang erhalten die beiden Stars diese besondere Telefonbeziehung aufrecht, währenddessen gewinnt Tyson am laufenden Band. Ihre Freundschaft wird sogar so eng, dass Joan Jett nur unter der Bedingung in eine Fotosession mit dem Magazin *In Fashion* einwilligt, dass Tyson ebenfalls dabei sein kann.

Alles läuft bestens – bis zum 11. Februar 1990. »Iron Mike« hat inzwischen 37 Kämpfe bestritten, 33 davon durch K. o. gewonnen. Er gilt als unbesiegbar. Sein nächster Gegner heißt James Buster Douglas, ein als chancenlos eingestufter Underdog, der nun gegen den Boxweltmeister aller Klassen antritt. In der Arena in Tokio schauen zehnmal so viele Zuschauer zu wie noch wenige Jahre zuvor in Poughkeepsie. Und eine weitere Sache ist anders: Joan Jett hat es zum ersten Mal seit damals nicht geschafft, ihren Freund Mike vor seinem Kampf anzurufen und ihm Glück zu wünschen. Und es kommt, wie es kommen muss: Tyson verliert zum ersten Mal in fünf Jahren.

Doch die Freundschaft zwischen Musikerin und Muskelmann zerstört dieser Tiefschlag nicht. »Joan ist eine wunderbare Person«, erzählt Tyson noch viele Jahre später. Und sie sagt über ihn: »Er war immer so lieb zu mir.« Gute Freunde kann eben nicht mal eine harte Rechte trennen.

Brian May von Queen wird Doktor der Astrophysik

> *»Aber erst mal machst du die Ausbildung fertig!« Es ist nicht überliefert, ob die Eltern von Brian May damals ein solches Machtwort gesprochen haben, doch ihr Sohn studiert brav Mathe und Physik. Die Forschungen zu seiner Doktorarbeit kann er jedoch nicht fertigstellen, weil ihm eine Kleinigkeit dazwischenkommt …*

»Mein Interesse an Musik und Astronomie wurde zur selben Zeit geweckt«, sagte Brian May einmal gegenüber dem britischen Magazin *Q*. »Da war ich ungefähr acht. Diese beiden Dinge gingen für mich immer Hand in Hand, insofern gab es nie einen großen Sprung zwischen den Welten.« Das klingt zwar plausibel, trotzdem passiert es nicht alle Tage, dass ein Rockmusiker mit Legendenstatus einen echten Doktortitel in einer »harten« Wissenschaft wie der Astrophysik erlangt. Dr. Brian May von Queen hat es geschafft.

Aus heiterem Himmel passiert so etwas natürlich nicht. In den Sechzigern studiert May Mathe und Physik am renommierten Imperial College in London und macht nicht nur den Abschluss als Bachelor of Science, sondern erhält sogar eine Auszeichnung für besondere Leistungen. 1970, im Alter von 23 Jahren, beginnt er eine Promotion und untersucht dafür »Radialgeschwindigkeiten in interplanetarem Staub«. Das klingt auf Englisch sogar noch etwas cooler und könnte ein 1-a-Stoner-Rock-Albumtitel sein: *Radial Velocities In The Zodiacal Dust Cloud.*

Daneben spielt er in einer tollen kleinen Rockband namens Queen, die im Sommer 1971 zum ersten Mal in ihrer klassischen Besetzung auftritt und 1973 ihr Debütalbum veröffentlicht. Man braucht schließlich Hobbys. Allerdings wird aus Queen bald eine tolle große Rockband. 1974 erscheinen gleich zwei Platten (*Queen II* und *Sheer Heart Attack*), internationaler Erfolg stellt sich ein – und Brian May bricht seine Doktorarbeit ab. In den nächsten 17 Jahren werden die Briten zu einer der erfolgreichsten Musikgruppen der Welt. Leider stirbt, wie wir alle wissen, der ikonische Sänger Freddie Mercury am 24. November 1991 an den Folgen seiner Aids-Erkrankung.

Brian May macht weiter Musik, doch eine Rechnung hat er noch offen. Im Oktober 2006, mit fast 60 Jahren, meldet er sich erneut am Imperial College an. Dabei sollte niemand an ein entspanntes Seniorenstudium denken: May muss aufholen, was in den vergangenen 32 Jahren in diesem Forschungsfeld (man könnte sagen: in der »Cosmic-Dust-Szene«) passiert ist, darunter einige grundlegende Entdeckungen durch NASA-Satelliten. Glücklicherweise gibt es wenige wissenschaftliche Arbeiten in seinem Spezialgebiet, weswegen er seine Promotion tatsächlich fortsetzen kann. Dazu muss er sich allerdings reinknien und sein bisheriges Leben als internationaler Rockstar erst mal auf Eis legen, wie er in einem Interview auf dem YouTube-Kanal des Colleges berichtet. Im August 2007 reicht er schließlich seine 48 000 Wörter starke Dissertation ein, bemerkenswerterweise ein Jahr früher als geplant. Wer mal schmökern möchte, findet die Doktorarbeit im Internet.

Am 23. August 2007 schließlich stellt Brian May seine Forschungen einem wissenschaftlichen Gremium vor, das die Arbeit auf das Genaueste unter die Lupe nimmt. Das dreistündige Kolloquium bezeichnet May später als »sehr, sehr hart«, doch das stört ihn nicht. Gegenüber *BBC News* erklärt er: »Das ist ein bisschen wie mit einem Album. Man muss damit bis zum Ende seiner Tage leben, also will man auch, dass alles perfekt ist.« Das Gremium zeigt sich zufrieden: Brian May muss nur wenige Veränderungen vornehmen, die offizielle Anerkennung im folgenden Monat ist reine Formsache. Die festliche Verleihung der Doktorwürde findet im Mai 2008 in der Royal Albert Hall statt. Damit hat May einen richtigen, echten Doktortitel in einem Fach erlangt, in dem das nicht als obligatorisch gilt und schon gar nicht nebenbei erledigt werden kann. *I Want It All*? In der Tat.

10

UNFÄLLE UND ABSCHIEDE

Immer Vollgas, bis einer heult. Leider nicht ohne Tod und Verderben

»Accidents will happen, they all heard Ricky say«

Keith Richards fällt vom Baum

Keith Richards lebte zu seinen besten Zeiten ein gefährliches Leben, keine Frage. Drogen, Verhaftungen und sonstiger Ärger konnten ihm dabei augenscheinlich nichts anhaben. Deshalb verwundert es, dass der legendäre Rolling-Stones-Gitarrist als bereits hochdekorierter Rockveteran, also quasi während der umjubelten Auslaufrunde, noch mal gefährlich ins Schlingern gerät.

Als noch harmlos erweist sich ein Unfall im Jahr 1998. Da stürzt er von der Leiter, als er in seiner Privatbibliothek ein Buch aus einem oberen Regal holen will. Das Leben in einer bestens ausgestatteten Villa in Connecticut birgt also Risiken, die sich Normalrockende mit ein paar Billy-Regalen gar nicht vorstellen können. Der Meister zieht sich bei dieser Episode ein paar lädierte Rippen zu, weswegen eine Handvoll Stones-Konzerte ausfallen, aber ansonsten ist das Ganze schnell vergessen.

Knappe zehn Jahre später wird es aber selbst für den unkaputtbaren Stones-Gitarristen richtig eng. Im April 2006 geht folgende Meldung um die Welt: Keith Richards ist von einem Baum gefallen, hat sich massiv verletzt, anstehende Tourdaten müssen verschoben werden. Das klingt angesichts der Lebensgeschichte des damals 62-jährigen Rockers fast enttäuschend. Man erwartet ja eher, dass er sich maximal einen kostbaren Gitarrenfinger prellt, während er mit drei Gespielinnen im Arm und der Telecaster im Anschlag durch einen brennenden Reifen springt. Auf einem Säbelzahntiger, mindestens. Und rauchend. Aber nein: Damals machen Keith Richards und sein Kumpel Ronnie Wood nebst Ehefrauen (den eigenen) gerade in einer Tourpause einen kleinen Urlaub im exklusiven Wakaya Club Resort auf den Fidschi-Inseln. Dort klettert Richards auf eine Palme, fällt runter – und wird in ein Krankenhaus eingeliefert. Nicht nur das: Er muss, wie sich später herausstellt, sogar eine nicht ganz harmlose Operation über sich ergehen lassen.

In seiner Autobiografie *Life* erklärt der Musiker selbst, was passiert ist. Demnach war die Palme nur ein »knorriger kleiner Baum, eher ein großer horizontaler Ast«, knapp zwei Meter über dem Boden, auf dem er nach einem Ausflug ins Wasser gesessen habe. Doch beim Runterklettern rutscht er wegen nasser und sandiger Hände ab und knallt mit dem Kopf hart gegen den Stamm. Dieser Schlag macht ihm jedoch nichts aus. Erst zwei Tage später überfallen ihn plötzlich unfassbare Kopfschmerzen, die »schlimmer und schlimmer« werden. »Ich habe niemals Kopfweh«, notiert der Gitarrist, »und wenn, dann reicht eine Aspirin.« Bei einer Untersuchung stellt sich heraus, dass Richards sich einen Bruch des Schädels zugezogen hat, der eine Blutung im Kopf nach sich zieht. Er wird sofort nach Auckland in Neuseeland ins Ascot Hospital geflogen.

In dieser Privatklinik operiert ihn ein Arzt namens Andrew Law, der – wie es der gar nicht mal so unwahrscheinliche Zufall will – ein Stones-Fan ist. Vor dem Eingriff sagt der Mediziner: »Das ist keine kleine Sache. Womöglich töte ich Sie heute.« Uff. Dr. Law muss den Schädel öffnen, alle Blutgerinnsel absaugen und den Knochen mit sechs Titanschrauben wieder zusammensetzen. Doch glücklicherweise verläuft die Operation gut. Nach ein paar Wochen Genesung, während deren Richards nach eigenen Aussagen vom Personal »eine kleine Extraportion Morphin« bekommt, kann er sogar wieder auf Tour gehen. Dabei soll ihn Dr. Law zur Sicherheit begleiten. Und so reist ein 41-jähriger Neurochirurg aus Neuseeland mit der größten Rockband der Welt über mehrere Kontinente. Und nicht nur das: Die beiden Männer freunden sich sogar an, wie der Arzt später ausführlich erzählt. Ende gut, »Keef« repariert, alles gut.

Great White und die Feuerkatastrophe von Rhode Island

Great White drehen 2003 quasi eine Ehrenrunde. Die größten Hits hatte die kalifornische Band vor allem in den Achtzigern, der bluesige

Hardrock auf Alben wie Once Bitten (1987) und Twice Shy (1989) macht zwar bis heute Spaß, ist aber Anfang der Zweitausender nicht gerade der Sound der Stunde. Für die Tour 2003 haben sich die oft zerstrittenen Urmitglieder Jack Russell (Gesang) und Mark Kendall (Gitarre) wieder zusammengefunden. Doch am 20. Februar 2003 kommt es zur Katastrophe.

An diesem Abend betritt die Band im Club The Station in West Warwick, Rhode Island, zum Song »Desert Moon« die Bühne. 462 Fans sind gekommen, nicht schlecht für einen Donnerstagabend. Die offizielle Kapazität des Clubs liegt bei 404. Zum Start der Show zündet Tourmanager Daniel Biechele drei Funkenkanonen, wie sie oft auf Konzerten und in Videos verwendet werden. Sofort setzen die Funken den schallisolierenden Schaumstoff an den Wänden und der Decke in Brand.

Zunächst halten einige der Anwesenden das für einen Teil der Show, aber das Feuer verbreitet sich rasend schnell. Schlimmer noch: Der brennende Schaumstoff produziert einen giftigen schwarzen Rauch, den man nur zwei- oder dreimal einatmen kann, bevor man das Bewusstsein verliert oder erstickt. 20 Sekunden nach dem Funkenregen hört die Band auf zu spielen, Sänger Jack Russell sagt »Wow … das ist nicht gut.« Es gibt Videoaufnahmen vom Ausbruch des Feuers, die zeigen: Nach weniger als nur einer Minute steht die Bühne in Flammen, nach nur fünfeinhalb Minuten haben Feuer und Qualm auf den ganzen (!) Club übergegriffen. Hinzu kommt erschwerend: Die meisten Fans bewegen sich – psychologisch verständlich – zu der Tür, durch die sie reingekommen sind, obwohl es vier Notausgänge gibt. Es kommt zu einem massiven Stau am Eingang, Leute fallen und liegen bewegungslos übereinander. In Augenzeugenberichten ist die Rede von schwarzem Qualm, der da bereits über sie hinwegzieht. An diesem Abend sterben 100 Menschen, 230 Personen werden verletzt, teilweise schwer verbrannt. Eine Katastrophe. 132 Fans, fast alle Musiker und die Crew entkommen unversehrt.

Zu den Todesopfern gehört auch Great-White-Gitarrist Ty Longley. Der 31-Jährige soll nach gelungener Flucht ins Gebäude zurückkehrt sein, um seine Gitarre zu retten – ein Indiz dafür, wie sehr die Anwesenden die Gefahr und die Ausbreitungsgeschwindigkeit des Feuers unterschätzten. Was das Ganze noch tragischer macht: Longleys Lebensgefährtin ist zum Zeitpunkt des Unglücks schwanger und bringt sechs Monate später den gemeinsamen Sohn Acey zur Welt.

In den Tagen nach dem Feuer gibt es unterschiedliche Schuldzuweisungen und Vermutungen über die Brandursache. Unter anderem geht es um die Frage, ob die Band die Erlaubnis besaß, Pyrotechnik zu zünden, und ob der verwendete Schaumstoff für die Nutzung auf Bühnen überhaupt geeignet – sprich: feuerabweisend – war. Es stellt sich zudem heraus, dass der Club mit einer Sprinkleranlage hätte ausgestattet sein müssen und dass diese das Feuer lange genug im Zaum gehalten hätte, um mehr Menschen die Flucht zu ermöglichen.

Schlussendlich wird Tourmanager Daniel Biechele angeklagt, der den Funkenregen an dem Abend zündete. Er bekennt sich entgegen des Rats seines Anwalts schuldig und hält vor Gericht ein emotionales Statement, in dem er die Verantwortung für die Katastrophe übernimmt und sich bei den Leidtragenden entschuldigt. Später schreibt er handschriftlich Briefe an die Familien der Opfer. Er wird 2006 zu 15 Jahren Gefängnis verurteilt, teilweise zur Bewährung. Im März 2008 wird er entlassen.

Verantwortlich für die Installation des ungeeigneten, weil hochentzündlichen Schaumstoffs sind die beiden Besitzer des Nachtclubs, die Brüder Jeffrey A. und Michael A. Derderian. Die plädieren zunächst auf »nicht schuldig«, dann auf »no contest«, was bedeutet, dass sie sich nicht gegen die Anklage verteidigen werden. Michael Derderian erhält das gleiche Urteil wie Biechele, Jeffrey Bewährung und Sozialstunden. Die Band, ihr Management und der Veranstalter werden nicht verurteilt.

Great White zahlen eine Million Dollar an die Opfer und Hinterbliebenen, weisen aber die Schuld am Unglück von sich. Auch aus anderen Klagen erhalten die Opfer Zuwendungen. Die Band startet im Juli 2003 eine Tour, um Geld zu sammeln. Den Song »Desert Moon« spielen sie jahrelang überhaupt nicht mehr. Ein Artikel in der *New York Times* fünf Jahre später zeigt, dass die Opfer weiter massiv unter der Katastrophe leiden und die Hilfen bei Weitem nicht ausreichen. Am Ort des Unglücks wird eine Gedenkstätte errichtet, die Stiftung The Station Fire Memorial Fund sammelt weiter für die Opfer.

Acey Longley, der Sohn des verstorbenen Gitarristen, lernt mit vier Jahren das Schlagzeugspielen und gründet als Kind zu Ehren seines Vaters eine Wohltätigskeitsorganisation namens B.E.A.T.S., was für »Bring Everyone A Tremendous Smile« steht (auf Deutsch: »Bringe allen ein großes Lächeln«). Er sammelt Spielzeug für bedürftige Kinder oder Kinder, die im Krankenhaus liegen, und führt dieses Engagement auch als junger Erwachsener weiter.

Texaner leben gefährlich: Dusty Hill von ZZ Top schießt sich in den Bauch

> *ZZ-Top-Bassist Dusty Hill mag 1984 bereits die halbe Welt betourt haben, im Herzen bleibt er ein Texas-Boy. Deshalb trägt er auch eine Pistole im Stiefel. Keine gute Idee …*

1984 läuft es blendend für die »little ol' band from Texas«, ZZ Top haben im Vorjahr mit *Eliminator* einen fetten Hit gelandet, auch dank eines coolen roten Autos. Im Dezember gönnen sich die drei Musiker eine Pause von der ewig langen Tour, die im Mai gestartet war. So macht es sich Bassist Dusty Hill anderthalb Wochen vor Weihnachten irgendwo gemütlich, vermutlich zu Hause in Houston. Wie es sich für einen Texas-Rocker gehört, trägt er Cowboystiefel und als seine Freundin ihm netterweise hilft, die Dinger auszuziehen, wird es gefährlich. Und das liegt nicht an Dustys Socken!

Aus dem Stiefel fällt nämlich eine Pistole der Marke Deringer, Kaliber 38, und knallt auf den Boden. Hierzulande kennen wir Wummen in der Fußbekleidung nur aus Western oder Agentenfilmen, aber in Texas ist das anscheinend salonfähig. Allerdings löst sich an diesem 16. Dezember 1984 ein Schuss, der Dusty Hill direkt in den Bauch trifft. Aus Western und Agentenfilmen wissen wir ebenso, dass Bauchschüsse eine ganz schlimme Sache sind. Bei Dusty fallen die schlechten Nachrichten noch schlechter aus, denn die Munition ist so konzipiert, dass sie den Körper nicht wieder verlässt, sondern intern möglichst viel kaputtmacht. Glücklicherweise schafft es der 35-Jährige ins Krankenhaus von Houston. Das Krasse: Er fährt sich sogar selbst dorthin.

Noch Dekaden später erschaudert der Musiker bei dem Gedanken an den Vorfall. »Meine erste Reaktion war: Oh! Scheiße! Dann: Autsch! Ich konnte echt nicht glauben, dass ich so was dermaßen Bescheuertes getan hatte«, erzählt er 2014 dem Magazin *Classic Rock*. »Allerdings habe ich zuerst gar nichts gespürt. Mir war nur klar, dass ich sofort in ein Krankenhaus muss, also habe ich mich ins Auto gesetzt und bin hingefahren. Erst dort wurde mir der Ernst der Situation klar und ich bin in einen Schockzustand gefallen.« Die Ärzte können den Großteil des Geschosses entfernen, doch für den Rest seines Lebens trägt der Bassist noch Metallstücke im Rücken spazieren.

Schon am 12. Januar, also keine vier Wochen später, geht die *Eliminator*-Tour weiter. Da hat also jemand richtig, richtig, richtig viel Glück gehabt. Und den Mann scheint auch das Metall im Körper nicht einzuschränken, denn die Karriere von ZZ Top läuft noch ein paar Dekaden. Dusty Hill verstirbt am 28. Juli 2021, über 36 Jahre nach dem unfreiwilligen Selbstschuss.

Die traurige Geschichte hinter Eric Claptons »Tears in Heaven«

»Would you know my name if I saw you in heaven? Would you be the same if I saw you in heaven?« – so lauten die ersten Zeilen von »Tears In Heaven«, das Eric Clapton für seinen Sohn Conor schrieb. Der kleine Junge starb am 20. März 1991 mit nur vier Jahren in New York.

Der Song wird zu einem der größten Hits des legendären Gitarristen und zu seiner erfolgreichsten Single. Das hochemotionale Stück erscheint zunächst auf dem Soundtrack zum Film *Rush*, wird aber vor allem in der Version von Claptons *Unplugged*-Album 1992 weltweit bekannt und erreicht in den USA Platz zwei der Charts, in Deutschland Platz 42. Als Co-Songwriter fungiert der amerikanische Musiker Will Jennings, der einige Jahre später auch »My Heart Will Go On« komponiert, die Megaballade aus dem Film *Titanic*. Für »Tears In Heaven« werden Clapton und Jennings mit drei Grammys ausgezeichnet: »Best Pop Vocal Performance Male«, »Song of the Year« und »Record of the Year«.

Den hochemotionalen Hintergrund hört man dem Stück an, und genau deswegen bewegt es Musikfans weltweit. Oft hat Eric Clapton in Interviews davon berichtet, wie Musik im Allgemeinen und das Lied im Speziellen ihm geholfen haben, über den Verlust hinwegzukommen.

Der kleine Conor wird am 21. August 1986 im St. Mary's Krankenhaus in Paddington geboren. Seine Mutter, das italienische Model Lory Del Santo, hatte Eric Clapton im Vorjahr kennengelernt. Eigentlich war er zu der Zeit noch mit Pattie Boyd verheiratet, die er seinem Kumpel George Harrison ausgespannt hatte. Doch ganz der Rockmusiker, ließ Clapton damals nichts anbrennen und hatte zu diesem Zeitpunkt schon ein Kind von einer Frau, die ebenfalls nicht Pattie Boyd hieß. Bei Conor handelt es sich also um Nachwuchs

Nummer zwei und Clapton will unbedingt bei der Geburt dabei sein. »Irgendwie hatte ich das unglaubliche Gefühl, zum ersten Mal etwas wirklich Reales zu erleben«, beschreibt der Sänger die Situation im Kreißsaal später in seiner Biografie. »Als das Baby schließlich da war, gaben sie es mir zum Halten. Ich war total fasziniert und ungeheuer stolz, auch wenn ich keine Ahnung hatte, wie man ein Baby hält.«

Mit Conor ändert sich für Clapton viel. Nach jahrelanger Alkoholsucht schafft er endlich einen erfolgreichen Entzug. Außerdem nimmt er sich vor, ein guter Vater zu sein, und besucht Conor regelmäßig bei dessen Mutter Lory. Die Erziehung überlässt er dabei jedoch komplett der Italienerin, weil er nach eigenen Aussagen selbst noch ein Baby sei und Lory das wunderbar hinbekomme. »Ich habe Conor auf Schritt und Tritt beobachtet und weil ich keine Ahnung hatte, wie man sich als Vater verhält, habe ich mit ihm wie ein Bruder gespielt. Wir haben stundenlang Bälle auf der Terrasse herumgekickt oder sind im Garten herumspaziert. Er war wirklich ein kleiner Engel, ein göttliches Wesen.«

1991, Conor ist gerade vier Jahre alt, will Lory mit ihrem neuen Partner Sylvio eine Wohnung in New York kaufen. Eric Clapton besucht das Paar und seinen Sohn dort und macht zum ersten Mal einen Ausflug ganz allein mit Conor. Vater und Sohn gehen am 19. März zusammen in den Zirkus. Clapton erinnert sich in seiner Biografie: »Der Abend war großartig. Conor redete die ganze Zeit und war besonders von den Elefanten begeistert. Zum ersten Mal habe ich erkannt, was es bedeutet, ein Vater zu sein. Ich weiß noch, wie ich Lory dann erzählt habe, dass ich mich von jetzt an alleine um den Kleinen kümmern will, wenn er bei mir zu Hause zu Besuch ist.«

Doch am nächsten Morgen erhält Eric Clapton den wohl schlimmsten Anruf seines Lebens. Lory kann nur noch ins Telefon schreien: »Conor ist tot!« Clapton kann es nicht glauben und fragt im Schock sogar, ob sie sich wirklich sicher sei. Er rennt zur Galleria, dem Wohnblock an der East 57th Street, in dem Lory und Conor wohnen, und sieht schon von Weitem die Einsatzfahrzeuge der Feuerwehr und Polizei. In der Wohnung wird ihm erklärt, was passiert ist: Conor hat mit seinem Kindermädchen Verstecken gespielt. Kurz zuvor war der Hausmeister in die Wohnung gekommen, um die bodentiefen Fenster zu putzen, die er zum Trocknen noch kurz offen ließ. Weil es in dem Gebäude fast nur Privatwohnungen gibt und es deshalb nicht den üblichen Bauvorschriften unterliegt, sind die Fenster nicht durch Brüstungen geschützt. Genau vor dieser Gefahr warnt der Hausmeister Lory gerade, als Conor durch die Wohnung rennt und offenbar ein neues Versteck sucht. Plötzlich schreit das Kindermädchen laut auf. Lory läuft ins Wohnzimmer und sieht das offene Fenster. »Conor lief geradewegs aus dem Fenster«, beschreibt Clapton das Unglück. »Er ist neunundvierzig Stockwerke tief gefallen und auf dem Dach eines vierstöckigen Nebengebäudes gelandet.«

Später geht Eric Clapton allein ins Leichenschauhaus, um seinen Sohn zu identifizieren. Lory war dazu nicht imstande. »Welche Verletzungen auch immer er sich bei dem Sturz zugezogen haben mochte – als ich ihn sah, hatte man seinen Körper einigermaßen wieder hergerichtet. Ich habe sein schönes schlafendes Gesicht betrachtet und mir gedacht: Das ist nicht mein Sohn. Er sieht ihm ein bisschen ähnlich, aber mein Sohn ist weg.«

Am 28. März 1991 wird Conor auf dem St. Mary Magdalen Churchyard in Claptons Heimatstadt Surrey in England beerdigt. Der Musiker zieht sich nach dem fürchterlichen Verlust für einige Zeit zurück. Erst sieben Monate zuvor, am 27. August 1990, waren darüber hinaus sein Manager, zwei Roadies und sein Freund Stevie Ray Vaughan bei einem Helikopterabsturz gestorben. Seine Trauer drückt Eric Clapton schließlich in »Tears In Heaven« aus, einer wunderschönen und tieftraurigen Ballade.

Seenot und Inspiration: Drei Surfgeschichten mit Eddie Vedder von Pearl Jam

Surfen diente Eddie Vedder als Grundinspiration für seine Band Pearl Jam. Doch im Wasser erlebte der Sänger nicht nur kreative Höhenflüge, sondern auch zwei gefährliche Situationen.

Seenotrettung Nr. 1

Als Pearl Jam 1995 Konzerte in Australien und Neuseeland spielen, lässt es sich der begeisterte Surfer Eddie Vedder nicht nehmen, die besten Strände auszuprobieren. Zusammen mit seinem Kumpel Tim Finn, ehemals Sänger bei Split Enz und Crowded House, schwingt er sich vor der Küste von Neuseeland an einer Stelle aufs Brett, die als besonders anspruchsvoll gilt. Offensichtlich zu Recht: Obwohl der Sänger als erfahrener Surfer gilt, wird er von einer starken Strömung (»Riptide«) vom Ufer weggetrieben und kann nichts dagegen tun – eine lebensgefährliche Situation. Glücklicherweise wird er von Rettungsschwimmern entdeckt, als er schon 80 Meter vom Land entfernt ist, und zurück in Sicherheit gebracht. Man muss es deutlich sagen: Glück gehabt! Die Geschichte wird sogar von der *New York Times* aufgegriffen.

Einer der Retter heißt Eric Davis, er gehört zum Karekare Surf Club, der diesen bestimmten Strand überwacht. Als ihm klar wird, wen er da vor dem Tod bewahrt hat, zeigt sich Davis enttäuscht darüber, dass Vedder nur ein kurzes »Dankeschön« äußert: »Wir sind Freiwillige, die mit einem minimalen Budget arbeiten. Eine Spende hätte uns sehr geholfen.«

Seenotrettung Nr. 2

Ende 2005 gerät die notorische Wasserratte Vedder in eine ähnliche Lage, als er vor Hawaii den Weg zwischen zwei Inseln mit einem

Kanu zurücklegen will. Das Sechsmannboot kentert, stundenlang muss die kleine Besatzung schwimmend im Wasser ausharren. Als das Gefährt sich wieder aufrichtet, kann ein Teil der Leute an Bord klettern. Allerdings sind mittlerweile die Paddel verschwunden und das Schiffchen treibt ab. Eddie und zwei Begleiterinnen kommen nicht mit und bleiben im Wasser zurück. Jetzt wird es wieder gefährlich, doch erneut hat der Musiker Glück.

Eine junge Dame namens Ashley Baxter ist zufällig mit ihrem Vater Keith in einem Boot in dieser Gegend unterwegs und glaubt, Stimmen gehört zu haben. Die beiden schalten den Motor ab und können Vedder und seine Gruppe aufspüren und einsammeln. Außerdem holen sie das abtreibende Kanu ein und schleppen es an Land. Puh.

Mehr als eine Dekade später, nämlich 2015, erleidet Keith Baxter einen Unfall mit einem rostigen Anker und läuft Gefahr, wegen einer Knocheninfektion ein Bein zu verlieren. Als seine Tochter Ashley zufällig eine der damals geretteten Frauen namens Ovrom Chamberlain trifft und ihr von der Lage erzählt, gibt diese die Information an Pearl Jam weiter. Die Band zeigt sich großzügig und verspricht, eine Crowdfunding-Kampagne zugunsten von Keith Baxter zu unterstützen, die aufgesetzt wurde, weil die Krankenversicherung des Mannes nicht ausreicht. Und tatsächlich geben Pearl Jam zu den Einnahmen von 70 000 US-Dollar ihrerseits noch mal 70 000 Dollar dazu.

Inspiration auf dem Surfbrett

Ob Eddie Vedder sich seitdem noch mal in Seenot gebracht hat, ist nicht überliefert. Fest steht aber, dass Surfen ihn anscheinend schon früher inspirieren konnte. Im September 1990 sucht die Prä-Grunge-Band Mother Love Bone aus Seattle einen neuen Frontmann; fünf Songs haben die Musiker Stone Gossard, Mike McCready und Jeff Ament als Instrumentalversionen bereits aufgenommen. Für den Posten des Drummers steht Jack Irons, ehemals bei den Red Hot Chili Peppers, auf ihrer Wunschliste, aber daraus wird nichts. Doch der kennt immerhin einen Sänger namens Eddie Vedder von der Band Bad Radio aus San Diego – und drückt diesem das Demo in die Hand.

Eddie hört sich die Aufnahmen eines Morgens an, anschließend geht er zum Surfen. Im Wasser formen sich Ideen in seinem Kopf, gleich nach seiner Rückkehr – angeblich noch mit Sand an den Füßen – schreibt er Texte für drei Stücke. Anschließend nimmt er auf seinem Vierspurrekorder den Gesang auf und schickt ein Päckchen zurück nach Seattle. Jeff Ament hört sich das Ergebnis dreimal an und greift dann zum Telefonhörer: »Stone, du musst unbedingt mal rüberkommen …« Die drei Songs heißen »Alive«, »Once« und »Footsteps« und zwei davon finden sich auf dem Multimillionen-Megaseller *Ten,* dem ersten Pearl-Jam-Album von 1991. Der Sänger und seine neuen Kollegen haben also gleich aus dem Stand, noch vor der eigentlichen Gründung der Band, einige der größten Nummern ihrer Geschichte geschrieben. Vedders Kreativitätsschub an jenem Septembermorgen hat sich also gelohnt und darf als Initialzündung für die Band begriffen werden – inspiriert von einem Ritt auf den Wellen.

Cocktailkirschen, Pülverchen und eine Kugel im Lauf: Versehentliche Todesfälle

Rock 'n' Roll kann gefährlich sein. Und das hat oft mit Drogen zu tun. Oder Waffen. Oder einer Cocktailkirsche …

Robbie McIntosh verwechselt die Pülverchen

Es müssen aufregende Zeiten für die jungen Schotten von der Funk-Truppe Average White Band gewesen sein: Im August 1974 wirft ihr zweites Album *Average White Band* mit dem herrlich groovenden »Pick Up The Pieces« einen dicken Hit ab. Die Single verkauft sich millionenfach und wird für einen Grammy nominiert, das Album klettert sogar an die Spitze der Charts.

Am 23. September 1974 spielt die Band ihre Mischung aus Funk, Soul und Rock im Troubadour in Los Angeles, anschließend geht es zu einer Party in das Haus eines Millionärs. Das hier nicht nur Früchtetee und Schnittchen konsumiert werden, überrascht niemanden. Wie für die Szene, den Ort und die Zeit nicht ganz unüblich, wollen Drummer Robert »Robbie« McIntosh und Sänger/Bassist Alan Gorrie Kokain konsumieren – und ziehen sich angebotenes weißes Pulver in die Nasen. Dabei handelt es sich allerdings um pures Heroin …

Die Mediziner unter uns könnten sicher erklären, warum das noch ungesünder ist. Alle anderen wissen zumindest aus *Pulp Fiction*, dass das nicht gut gehen kann. Robbie McIntosh stirbt infolge davon mit nur 24 Jahren an einer Heroin-Überdosis. Sein 28-jähriger Kollege Alan Gorrie überlebt nur deshalb, weil die Sängerin Cher (ja, genau die) ihn lange genug bei Bewusstsein halten kann, bis medizinische Hilfe erscheint. Das *Time Magazine* schreibt, dass Cher ihn zum Herumlaufen animiert, damit er nicht ins Koma fällt.

In Robbie McIntosh verliert die Band einen Ausnahmedrummer, der schon (zusammen mit Gorrie) auf Chuck Berrys Single »My Ding-A-Ling« gespielt hatte. Sein Nachfolger wird Steve Ferrone, der später unter anderem bei Tom Petty und seinen Heartbreakers trommelt. Das nächste Album *Cut The Cake* (1975) widmet die Band ihrem verstorbenen Kameraden. Der Gastgeber der Party, der 30-jährige Aktienmillionär Kenneth Moss, der das Rauschgift zur Verfügung gestellt hatte, wird angeklagt und verurteilt.

Steve Peregrin Took erliegt einer Steinfrucht

Ähnlich tragisch, wenngleich weniger erwartbar ist das Ableben von Steve Peregrin Took. Bekannt wird Stephen Ross Porter, wie er mit bürgerlichem Namen heißt, als Kreativpartner von Marc Bolan in den Anfangsjahren der Band, als die sich noch Tyrannosaurus Rex nennt. Porter gibt sich den Künstlernamen Steve Peregrin Took, inspiriert von einer Figur aus *Der kleine Hobbit* von J. R. R. Tolkien, und spielt nicht nur Schlagzeug und Percussion, sondern steuert auch Gitarre, Bass und vor allem Chorgesänge bei. Der damalige Produzent der Band, Tony Visconti, schreibt ihm große Teile des frühen Sounds der späteren Glamgrößen zu und wird zitiert mit: »Marc und Steve hatten eine echte 50/50-Partnerschaft.« Doch die dauert nicht lange an. Bolan mag den Drogenkonsum seines Kollegen überhaupt nicht und lehnt auch dessen Songmaterial ab. Took macht sich wiederum einen Spaß daraus, auf Partys die Getränke mit Halluzinogenen zu »verfeinern«. Als Bolan einmal zum Opfer eines solchen Scherzes wird, sinkt die zwischenmenschliche Stimmung noch weiter Richtung Keller. Eine US-Tour müssen sie trotzdem noch absolvieren, gleich danach fliegt Steven Peregrin aus der Band. Er macht weiter mit neuen Projekten wie The Deviants, Pink Fairies, Shagrat (nach einem Ork aus *Der Herr der Ringe*) und als Solokünstler, doch große Erfolge fährt er nicht mehr ein.

Zum Zeitpunkt seines Todes im Herbst 1980 wohnt Took mit seiner Lebensgefährtin Valerie »Sam« Billiet und deren Tochter im Londoner Stadtteil Notting Hill. Blöderweise besorgt sich der Musiker »Pilze mit Wirkung« und Morphium, welches das Paar sich injiziert. Doch das sorgt nicht für den unglücklichen Tod des damals 31-Jährigen.

Eltern junger Kinder kennen die Sorge, dass sich der Nachwuchs irgendwas in den Mund steckt und das dann in die Luftröhre gerät. Damit kann man bei einem erwachsenen Mann nicht rechnen, doch tatsächlich wird Steve Peregrin Took eine kleine Steinfrucht zum Verhängnis. Der Musiker genießt einen Drink mit Cocktailkirsche, verschluckt sich daran und erstickt. Laut einer Untersuchung sollen die Drogen dabei keine Rolle gespielt haben, obwohl die Annahme naheliegt, dass der Rausch die Schluckreflexe unterdrückt hat. Der Mann hatte also womöglich einfach Pech.

Terry Kath übersieht eine Kugel

Womöglich ist Terry Kath der beste Gitarrist, den keiner kennt. So zumindest sprechen viele Zeitgenossen über den US-Amerikaner, der am 23. Januar 1978 durch einen tragischen Unfall sein Leben verliert. Er gehört zu den Gründungsmitgliedern und Köpfen der Band Chicago, die in den Siebzigern mit einer experimentellen Mischung aus Rock, Jazz und Pop von sich reden macht. (Die Hinwendung zu gut verdaulichem AOR und Radiohits wie »If You Leave Me Now« oder »Hard To Say I'm Sorry« kommen erst später.)

Kath gilt als phänomenaler Rhythmusgitarrist und innovativer Solist, der früh alle Techniken und Spielzeuge nutzt, die ihm einfallen: Wah-Wah-Pedale, Verzerrung und Feedback sowie Zweihand-Tapping, das zum Markenzeichen von Eddie Van Halen werden sollte. Eagles-Gitarrenlegende Joe Walsh wird zitiert mit: »Niemand hat seinen Sound hinbekommen. Wie zum Himmel machte er das?« Nach den ersten Nummer-eins-Alben lebt Kath damals das Leben eines erfolgreichen Rockstars. Dazu gehören auch ungesunde Hobbys, in seinem Fall: Kokain und Waffen. Ersteres macht ihn unverantwortlich und stimmungsmäßig labil, Zweiteres erschreckt zusehends Freunde und Kollegen, zum Beispiel, als er auf einer Party im Beisein von Carl Wilson von den Beach Boys russisches Roulette spielt.

Am 23. Januar 1978 befindet Terry Kath sich im Apartment des Chicago-Roadies Don Johnson im kalifornischen Canoga Park. Seine Waffen hat er dabei und fängt an, eine halbautomatische Pistole auf dem Küchentisch zu säubern. Johnson, der einzige Augenzeuge, fordert ihn mehrfach zur Vorsicht auf, worauf Kath ihm das leere Magazin zeigt. »Mach dir keine Sorgen, das Magazin ist nicht mal drin.« Kath steckt das Magazin dann jedoch zurück in die Waffe, fuchtelt mit ihr herum und fragt: »Was glaubst du, was ich damit mache? Mir den Kopf wegblasen?« Leider ist zwar das Magazin leer, aber es befindet noch eine Kugel im Lauf. Kath zieht den Abzug und stirbt augenblicklich. Krass. Er wird 31 Jahre alt.

Damit verliert die Welt einen innovativen Gitarristen, der manchmal sogar für besser als Jimi Hendrix gehalten wird. Das sagte zumindest einer, der es wissen müsste: Jimi Hendrix selbst.

11

SEX UND LIEBE

Rock 'n' Roll hat immer mit Sex zu tun. Neben Schweinkram gibt es hier auch was fürs Herz

»Lust or love«

Warum das Rammstein-Video zu »Pussy« sicher nicht im Fernsehen laufen wird

Keine Frage: Rammstein wissen, wie man Aufmerksamkeit erregt. Das zeigen sie zum Beispiel im September 2009, als die Single »Pussy« als Vorbote zum Album Liebe ist für alle da *erscheint.*

Auf dem Cover der CD-Veröffentlichung tragen nackte Frauenkörper die Gesichter der Musiker, aber das ist Kleinkram. Den richtigen Hingucker produzieren Rammstein mit dem Video. Der Streifen besteht zum einen aus einer Band-Performance, zum anderen aus einer anderen Performance, nämlich: Porno. Mit den Musikern.

Zumindest sieht es so aus: In Wirklichkeit werden die Köpfe der Bandmitglieder auf die männlichen Darsteller montiert. Allerdings müssen die sechs Rocker die notwendige Mimik für ihre Szenen nachahmen, und das ist auch nicht so ganz einfach. Gitarrist Paul Landers berichtet in der *FAZ*, die Dreharbeiten am 5. Juni 2009 in Berlin seien »ein bisschen wie Zahnarzt« gewesen: »Wir saßen in diesem Bordell in Charlottenburg und mussten nacheinander ran. Ich hatte Schiss und habe mir Mut angetrunken. Aber ich hätte nicht gedacht, wie sachlich so etwas abläuft. Rein mechanisch.«

Trotzdem wirkt das alles schon explizit genug: Einem kanadischen Magazin berichtet Landers, dass die Freundin von Drummer Christoph Schneider das Set besucht habe – und heimgeschickt wurde. Im gleichen Gespräch fällt zudem die Formulierung »some body doubles«, was implizieren könnte, dass nicht alle Musiker für die Nahkampf-Action durch Profidarsteller ersetzt wurden, sondern nur »einige«. Man muss womöglich davon ausgehen, dass der Mann sich hier ungenau ausgedrückt hat oder etwas in der Übersetzung verloren ging. Rammstein dürften sich an diesem potenziellen Missverständnis nicht gestört haben.

So oder so: Für's Kinderprogramm taugt der Streifen sicher nicht. Die Regie führt übrigens der Schwede Jonas Åkerlund, der sich bereits Clips für Metallica, Taylor Swift, Lady Gaga, Paul McCartney und Ozzy in seinen Lebenslauf schreiben konnte.

Die ganze Aktion zeigt Wirkung: Am 16. September 2009 läuft das Video zum ersten Mal auf einem niederländischen Erotikportal, zwei Tage später erscheint die Single – und knallt prompt an die Spitze der deutschen Charts. Das Video findet man auf YouTube bis heute nur in der zensierten Version, meist in suboptimaler Qualität und nicht im offiziellen Kanal. Für Rammstein-DVDs mit dem Original braucht man einen Altersnachweis.

Groupies

Von Sex, Geheimcodes & Gipsabdrücken: Die Geschichte einer besonderen Backstagekultur.

Ende der Sechziger ist die »Counterculture« in vollem Gange: Gesellschaftliche Zwänge werden abgeschüttelt, Rock 'n' Roll regiert. Der *Rolling Stone*, damals noch ein aufstrebendes Magazin mit erst 27 Ausgaben, veröffentlicht im Februar 1969 die Titelgeschichte The Groupies and Other Girls« – und führt den Begriff damit in den allgemeinen Wortschatz ein. Er leitet sich ab vom englischen Wort für Gruppe, »group«, gemeint sind in der Regel weibliche Fans, die die Nähe der Bands und meist intime Interaktion mit den Musikern suchen. Ein Phänomen, das in Zeiten von Hippiekultur, freier Liebe und popkulturellem Aufbruch durchaus zum Mythos Rock 'n' Roll beiträgt.

Neu ist Phänomen jedoch nicht, schon 1942 wurde es von der US-amerikanischen Autorin Mary McCarthy in ihrem Roman *The Company She Keeps* beschrieben. Gelegentlich wird auch Rolling-Stones-Bassist Bill Wyman die Erfindung des Begriffs während einer

Australien-Tour 1965 zugeschrieben, was der jedoch bestreitet – man habe andere »Codenamen« für weibliche Begleitung benutzt. Led-Zeppelin-Sänger Robert Plant schließlich unterschied explizit zwischen Fans, die auf kurze sexuelle Begegnungen aus waren, und tatsächlichen »Groupies«, die für längere Zeiträume mit den Musikern als eine Art Ersatzfreundin oder »road wife« unterwegs waren. Das sind natürlich Feinheiten, die Laien nicht unbedingt im Blick haben.

Im *Rolling-Stone*-Artikel kommen auf fünfzehn Seiten Rockstars wie Frank Zappa, Jimmy Page, Jeff Beck und Jimi Hendrix zu Wort, vor allem aber Groupies, die die Vor- und Nachteile dieses Lebens diskutieren. Hinter der Groupie-Kultur und der nicht ganz überraschenden Beobachtung, dass Rock 'n' Roll mit Sex zu tun hat, steckt durchaus Befreiung, insbesondere vor dem Hintergrund der gesellschaftlichen Prüderie der Fünfziger und Sechziger.

Letztendlich darf und sollen ja alle machen, was sie wollen, solange niemand zu Schaden kommt. Allerdings ist der Umgang von Stars mit Groupies auch häufig von Sexismus und Abwertung geprägt. Weibliche Rockstars gibt es zu Zeiten der besagten Titelgeschichte kaum, sieht man von Heldinnen wie Janis Joplin ab. Das ändert sich mit den Jahren, Frauen gewinnen an Bedeutung in der Rockmusik, nicht erst mit dem Riot-Grrrl-Trend der Neunziger. Deshalb tauchen auch gelegentlich (wenngleich selten) männliche Groupies auf, etwa ein Herr namens Pleather, der Bands wie den Bangles und L7 nachreist.

Berühmte Groupies

Manche Groupies gelangen selbst zu Ruhm, Bebe Buell etwa (die Mutter von Liv Tyler) und Pamela Des Barres, die zwei Bücher über diese Subkultur schreibt: *I'm With The Band* (1977) und *Take Another Little Piece of My Heart: A Groupie Grows Up* (1993).

Legendär werden die »Plaster Casters« um Cynthia Albritton, die Gipsabdrücke von den Genitalien der Stars sammeln. Der erste berühmte Kunde heißt Jimi Hendrix, Kiss schreiben den Song »Plaster Caster« über die Damen. Den Text dazu mag insbesondere in Europa nicht jeder 16-jährige Nachwuchsrocker auf Anhieb verstanden haben, von den Eltern ganz zu schweigen, aber Zeilen wie »The plaster's gettin' harder / And my love is perfection / A token of my love / For her collection« zeichnen doch ein deutliches Bild.

Manche Groupies hinterlassen durchaus nachhaltigen Eindruck bei den durchreisenden Rockstars, denn mitunter tauchen die Ladys später sogar in Songs auf. Im Stück »Rip This Joint« zum Beispiel singen die Rolling Stones 1972 von einer »Butter Queen«, einer Butterkönigin. Gemeint ist die Texanerin Barbara Cope, damals 22 und berüchtigt für ihre Verwendung von, genau, Butter beim Handgemenge mit willigen Rockstars. Robert Plant widmet ihr bei einer Show in Fort Worth im folgenden Jahr sogar den Song »Dazed & Confused«, und das vermutlich nicht wegen gemeinsamer Interessen in Sachen Brotaufstrich. Sogar 1975 fragt er noch bei einer Rückkehr in die Stadt: »Was ist eigentlich aus der Butterkönigin geworden? Sie spart wohl jetzt und benutzt nur noch Margarine …« Was genau die junge Frau nun mit Streichfett welcher Art auch immer angestellt hat, wollte sie selbst nie erklären: »Wer es weiß, weiß Bescheid. Wer es nicht weiß, wünscht es sich …« Ein besonderes Groupie verewigen Grand Funk Railroad 1973 in ihrem Klassiker »We're An American Band«: »Last night in Little Rock, put me in a haze / Sweet, sweet Connie, doin' her act / She had the whole show and that's a natural fact.« Gemeint ist Connie Hamzy, eine damals 18-Jährige aus Little Rock in Arkansas, die für den Rest ihres Lebens als »Sweet Connie« bekannt war und damit auch bis zu ihrem Tod 2021 kein Problem hatte. The Guess Who erwähnen sie 1974 in »Pleasin' For Reason« und Cheap Trick widmen ihr angeblich noch 1985 im Song »Standing On The Edge« die Zeilen: »Oh, Connie likes nighttime, every night / Connie likes candy, every bite / All day sucker, Connie might / Swallow that thing 'cause she does it right.« Frank Zappa stellt Ende der Sechziger sogar eine Band aus Groupies zusammen, die GTOs, unter anderem mit Pamela Des Barres. Die veröffentlichen 1969 unter seiner Ägide ein Album: *Permanent Damage.* Die Songs darauf stammen zu großen Teilen von Davy Jones von den Monkees, auch Jeff Beck und Lowell George von Little Feat steuern Musik bei, der junge Rod Stewart singt auf einem Track mit. Viel Schaden kann *Permanent Damage* aber nicht anrichten.

Das Phänomen von geschlechtlichem Nahkampf nach der Show endet natürlich nicht mit der Hippieära. Als Metallica 1986 ihr genreprägendes Meisterwerk *Master Of Puppets* veröffentlichen, danken sie nicht nur Absolut Wodka und (folgerichtig) Alka Seltzer, sondern »vor allem … Edna!!!« So heißen Groupies im Kosmos der damals im Schnitt 22-jährigen Krachmacher, weswegen der Tourbus konsequenterweise in »Edna Express« umgetauft wird. Was in dem Zusammenhang der Dankeslisteneintrag »Remoulade« meint, soll hier nicht diskutiert werden.

Eine wunderbare Aufarbeitung erfahren der Rock 'n' Roll der wilden Siebziger im Allgemeinen und die Groupie-Kultur im Speziellen 2000 durch den Film *Almost Famous – Fast berühmt.* Hier bringt die Schauspielerin Kate Hudson in der Rolle der Penny Lane auf beeindruckende Weise sowohl die glamourösen als auch die düsteren Momente im Leben einer mitreisenden jungen Frau auf die Leinwand. Dabei will die Protagonistin nicht als Groupie verstanden werden, sondern als Muse. In einer Schlüsselszene erklärt sie: »Wir unterstützen die Musik, wir inspirieren.«

Elton John heiratet die Tontechnikerin Renate Blauel

Mehr als 3000 weiße Rosen und unzählige weiße Orchideen aus Neuseeland lässt Elton John nach Sydney einfliegen, um die dortige St.-Marks-Kirche festlich zu schmücken. Am Valentinstag 1984 führt er dort seine deutsche Braut Renate Blauel zum Traualtar. Doch leider passt da etwas nicht …

Die Liebesbeziehung von Renate und Elton geht vielversprechend los: Der exzentrische Musiker und die Tontechnikerin lernen sich in einem Studio in London kennen. John nennt sie später »die eleganteste Frau, die ich jemals getroffen habe«. Die 30-jährige Blauel stammt aus der Gemeinde Gauting bei München, war nach England gezogen und dort als Assistentin für die Produktion von Elton Johns neuestem Album *Too Low For Zero* engagiert worden (das ist die Platte mit dem Hit »I'm Still Standing«). »Ich war nervös, weil da so namhafte Leute mitarbeiteten. Und prompt ging auch einiges schief«, erinnert sie sich später.

Trotzdem will der 36-jährige Superstar sie auch bei den nächsten Produktionen dabeihaben. Also lässt er sie und das restliche Team für Aufnahmen nach Australien einfliegen. Dort kommen die beiden sich näher. »Wir merkten, dass wir gut zueinanderpassen, deshalb haben wir geheiratet«, kommentiert der Sänger. So einfach geht das.

Die Hochzeit ist eine regelrechte Blitzaktion, für die sogar eine Ausnahmegenehmigung vom australischen Justizminister nötig wird. Denn der Musiker soll seine Auserwählte erst vier Tage vor dem Jawort um ihre Hand gebeten haben – bei einem späten und offenbar sehr romantischen Abendessen. Doch so einfach wie etwa in Las Vegas können in Australien keine Ehen geschlossen werden; zwischen Aufgebot und Trauung müssen 30 Tage (eine sogenannte »Abkühlungszeit«) vergehen. Weil Elton John aber direkt nach der Zeremonie wieder auf Tour gehen soll und der Justizminister sich als Fan erweist, wird dem Paar die Erlaubnis erteilt.

Am 14. Februar ist es dann so weit: Elton John schreitet in weißem Frack, rosa Fliege und Strohhut zum Altar, seine Braut trägt klassisch weiße Spitze. Anschließend gibt's für die wartenden Fans und Fotografen einen Kuss vor der Kapelle, dann geht's zur Party mit Prominenten wie Olivia Newton-John, Rod Stewart und Barry Humphries. Alles wie im Bilderbuch. Oder doch eine Märchengeschichte?

Denn die Vermutungen bezüglich Johns Homosexualität reißen auch nach der Hochzeit nicht ab. Zwar hatte er sich in den späten Sechzigern schon einmal mit einer Dame namens Linda Woodrow verlobt und sie im Song »Someone Saved My Life Tonight« erwähnt, doch schon lange vor der Eheschließung mit Blauel bezeichnet er sich im *Rolling Stone* als bisexuell. Nach diesem Valentinstag 1984 tauchen dann immer mehr aktuelle und ehemalige männliche Liebhaber auf und sprechen über ihr Verhältnis zum verheirateten Superstar. Das Eheleben erweist sich derweil als schwierig für Elton und Renate. Weil der Musiker viel arbeitet, sehen sich die beiden kaum, und leben auch ansonsten aneinander vorbei, wie das Magazin *People* 1988 berichtet. Das alles hält die Ehe irgendwann nicht mehr aus und so folgt 1988 bereits die Scheidung. Der Sänger äußert sich Jahre später in einem Interview so: »Es sollte einfach nicht sein. Ich habe eine Lüge gelebt.« Im Dezember 2014 heiratet Elton John ein zweites Mal – seinen langjährigen Lebensgefährten David Furnish. Als der Superstar 2017 durch Australien tourt, schreibt er: »Ich freue mich so, für einige Shows wieder in Australien zu sein. Vor vielen Jahren habe ich Australien als Ort gewählt, um eine wunderbare Frau zu heiraten, die ich sehr liebe und bewundere. Mehr als alles andere wünschte ich mir, ein guter Ehemann sein zu können. Doch weil ich damals nicht zugeben konnte, wer ich wirklich war, tat ich meiner Frau sehr weh, fühlte mich schuldig und bereue das sehr.«

Renate Blauel zieht sich nach der Scheidung komplett aus der Öffentlichkeit zurück. Sie lebt weiterhin in England und soll ihrem Ex-Ehemann nach einer Zeit ohne Kontakt grundsätzlich freundschaftlich verbunden sein, Misstöne sind nicht zu hören.

2020 allerdings verklagt Blauel ihren Ex-Gatten, weil der in seiner Autobiografie *Ich* und auch im Film *Rocketman* zu viele Details über die Ehe preisgegeben und damit gegen die Scheidungsvereinbarung verstoßen habe. Drei Millionen US-Dollar Schadensersatz verlangt Frau Blauel, nicht zuletzt, weil die Erwähnung ihre psychischen Probleme verschlimmere. Elton Johns Anwälte halten dagegen, es seien ja schon Passagen gestrichen worden, alles andere sei bereits öffentlich bekannt und damit nicht privat.

Im Zuge dieser Auseinandersetzung kommen Gerüchte auf, dass Renate Blauel bereits während der Hochzeitsreise nach Südfrankreich einen Suizidversuch unternommen und ihr Mann sie nicht im Krankenhaus besucht habe. Auch wird gemunkelt, dass sie sich angeblich nach der Jahrtausendwende eine neue Identität zugelegt und auch ihr Aussehen verändert habe. Offizielle Kommentare dazu gibt es nicht.

Die beiden Parteien einigen sich schließlich außergerichtlich und vereinbaren, in Zukunft weder einander noch ihre Ehe zu kommentieren.. Bis heute hat Renate Blauel kein einziges Interview gegeben.

George Harrison heiratet – Eric Clapton grätscht rein

Zwei Rocker, eine Liebe: Am 21. Januar 1966 führt Beatles-Gitarrist George Harrison seine große Liebe Pattie Boyd zum Traualtar. Zum größten Hit wird das Fotomodell allerdings für Harrisons engen Freund Eric Clapton. Eine Dreiecksbeziehung, wie es sie in der Rockgeschichte nicht noch einmal gab.

Wir schreiben das Jahr 1964: Patricia Anne Boyd ist ein gefragtes Model und arbeitet mit den bekanntesten Fotografen zusammen, als ihre Agentin ihr erzählt, dass sie eine Rolle im Beatles-Film *A Hard Day's Night* bekommen hat. Am Set lernt sie George Harrison kennen, der sich in der Pause neben sie setzt. »Er war der schönste Mann, den ich bis dahin gesehen hatte«, erinnert sich Boyd später. Auch Harrison scheint ähnlich angetan von der hübschen Blondine. Einer seiner ersten Sätze zu ihr lautet: »Willst du mich heiraten?« Pattie sagt zwar erst zwei Jahre später wirklich »Ja«, aber schon kurz nach dem Dreh beginnt sie eine Liaison mit dem Gitarristen. »Ich war so verliebt. Ich dachte, wir würden für immer zusammenbleiben.« Das Paar hat die Rechnung allerdings ohne Georges alten Freund und Kollegen Eric Clapton gemacht. Die beiden Stars Anfang zwanzig hatten schon einige Male zusammen gespielt; so ist zum Beispiel auf dem von Harrison geschriebenen Beatles-Klassiker »While My Guitar Gently Weeps« Claptons Gitarre zu hören. Oft besucht der Gitarrist die Harrisons – und verliebt sich mit Schwung in die junge Frau. »Mir war klar, dass ich ihm gefiel«, gesteht Boyd. »Die Aufmerksamkeit habe ich genossen.« Weil sie aber verheiratet ist und – zumindest zu diesem Zeitpunkt – nicht beabsichtigt, ihren Mann zu verlassen, stellt sie Eric Clapton ihre 17-jährige Schwester Paula vor: Die ist ebenfalls ein Model und laut Pattie »ziemlich wild«. Prompt verdreht Paula Clapton den Kopf und zieht schon wenig später bei ihm ein.

Lange hält diese Beziehung jedoch nicht. Dem Musiker wird offenbar klar, dass Paula nur ein Ersatz für ihn darstellt. Er liebt immer noch Pattie und schickt ihr sogar Liebesbriefe nach Hause. Die wiederum soll unglücklich in ihrer Beziehung mit George sein, weil der sich zum einen komplett in der Welt der Meditation verloren hat und oft unter depressiven Phasen leidet. Zum anderen soll er sie betrügen, ironischerweise unter anderem mit einer Ex-Freundin von – natürlich – Eric Clapton. Irgendwann kommt es, wie es kommen muss: Clapton bittet Pattie Boyd, ihn in einer Wohnung in South Kensington zu treffen, um ihr ein neues Lied zu zeigen. »Er hat den Kassettenrekorder angemacht, die Lautstärke aufgedreht und mir den tollsten, bewegendsten Song vorgespielt, den ich je gehört hatte: ›Layla‹«, erzählt Boyd. »Das Stück handelt von einem Mann, der sich unsterblich in eine Frau verliebt, die ihn ebenso liebt, allerdings nicht frei ist. Zwei oder drei Mal hat er den Song laufen lassen und mich dabei eindringlich beobachtet. Er wollte meine Reaktion sehen. Ich habe die ganze Zeit nur daran gedacht, dass alle Welt verstehen wird, dass es um mich geht.«

Widerstehen kann sie dem Gitarrenhelden allerdings auch nicht mehr: Am gleichen Abend treffen sich beide auf der Party eines gemeinsamen Freundes. George Harrison hat keine Lust und bleibt lieber zu Hause. Als er dann am frühen Morgen doch noch auftaucht, weil er seine Frau sucht, findet er sie mit seinem Kumpel im Garten. »Was ist hier los?«, soll er beide gefragt haben. Laut Patties Autobiografie erklärt Clapton daraufhin: »Alter, ich muss es dir gestehen. Ich bin in deine Frau verliebt.« Kein Wunder, dass Harrison ausflippt und Pattie vor die Wahl stellt: Er oder ich!

Lange hält die Ehe nicht mehr: 1973 beginnt Boyd eine Affäre mit dem Faces-Gitarristen Ronnie Wood, auch George Harrison geht außerehelichen Verlustigungen nach, angeblich sogar mit der Frau seines Beatles-Kollegen Ringo Starr. 1974 trennen sich Boyd und Harrison, 1977 folgt die Scheidung, 1979 die Hochzeit von Boyd und Clapton. Diese Beziehung hält bis 1987. Zwischenzeitlich schreibt der Gitarrist unter anderem das herzergreifend romantische »Wonderful Tonight« für und über seine Frau. Boyd heiratet noch ein drittes Mal: Mit 71 Jahren sagt sie 2015 »Ja« zu ihrer Langzeitliebe, dem neun Jahre jüngeren Rod Weston.

Bis heute gilt Pattie Boyd als eine der außergewöhnlichsten Musen im Rock 'n' Roll, hat sie doch ihre Ex-Männer zu einer ganzen Reihe an großartigen Songs inspiriert, darunter neben »Layla« und »Wonderful Tonight« noch »Something« und »Old Love«. Übrigens: George

Harrison soll den beiden vergeben haben. 1976, zwei Jahre nach der Trennung, schrieb er an Boyd einen kurzen Brief. Zitat: »E+P God Bless Us All, love from G.«

Tommy Lee und Pamela Anderson in den Flitterwochen: Das erste Celebrity-Sextape

Die Geschichte des gestohlenen Videos von Tommy Lee und Pamela Anderson liest sich wie ein Krimi mit Sex, Waffen, der Mafia und Unmengen von Dollars. Das erste Celebrity-Sextape machte Mitte der Neunziger aus dem damaligen Ehepaar aus Rockstar und Topmodel die unfreiwilligen Protagonisten eines wackligen Amateurpornos.

Wann genau das Video gestohlen wurde, weiß man nicht. Doch Ende 1995 machen Aufnahmen die Runde, die Mötley-Crüe-Drummer Tommy Lee und *Baywatch*-Star Pamela Anderson im Urlaub zeigen: ein frisch verheiratetes Paar, das seine Liebe gut gelaunt und freizügig auslebt. Mit anderen Worten: Man sieht wackelige Szenen von zwei sehr berühmten, sehr attraktiven Menschen und in ein paar Sequenzen haben sie Sex. Eigentlich hatten die beiden die Hi8-Kassette schon lange in ihrem Safe weggeschlossen; dass der Safe geklaut wurde, bemerken sie erst im Januar 1996. Am 29. März 1996 reichen Anderson und Lee schließlich eine Zehn-Millionen-Dollar-Zivilklage gegen alles und jeden ein, der eine Kopie des Videos besitzt. Doch die Verbreitung können sie nicht mehr stoppen.

Blicken wir zurück ins Jahr 1995: Damals lassen laut *Rolling Stone* Anderson und Lee ihre Villa in Malibu aufwendig umbauen und renovieren. Daran beteiligt ist auch der Elektriker und Pornodarsteller Rand Gauthier. Im Frühling des Jahres wird er jedoch abrupt gefeuert. Angeblich schulden die Hausbesitzer ihm da noch 20 000 Dollar. Als er zurückkehrt, um sein Werkzeug einzusammeln, soll Tommy Lee ihn mit einer Pistole in der Hand aufgefordert haben, das Gelände zu verlassen. »Noch nie hatte jemand eine Waffe auf mich gerichtet«, sagt Gauthier später. »Das hat mich ziemlich durcheinandergebracht.« Gauthier weiß von einem riesigen Safe in Tommys Aufnahmestudio. Mehrere Male während des Sommers fährt er nachts zur Villa, um sie auszuspionieren. Er besorgt sich sogar ein weißes Fell, um für die Kameras wie der Hund des Paares auszusehen. Irgendwann im Oktober bricht er ein, vermutlich mit einem Komplizen, und entfernt den Safe. Anschließend wird das Studioequipment wieder so platziert, dass der Diebstahl nicht auffällt. In einem Wald bricht Gauthier den Stahlkasten auf, findet Schmuck, teure Uhren – und eine Hi8-Camcorder-Kassette. Dessen Inhalt sollte zum berühmtesten »Celebrity-Sextape« der Welt werden. Darüber wundert sich Tommy Lee ein paar Jahre später allerdings: »Ich weiß nicht, was so interessant daran sein soll, einem verheirateten Paar beim Vögeln zuzugucken. Ich bin nicht der Präsident. Wir waren im Urlaub und haben das getan, was der Rest der Welt auch tut. Wir haben uns beim Rumblödeln gefilmt und uns nackig gemacht. Keine große Sache.« Zumal von den 54 Minuten gerade mal acht Sex zeigen. Gauthier hingegen sieht schon die Millionen anrollen, weiß aber auch: »Wegen so was werden Leute umgebracht.« Ein paar Jahre später hat das Tape tatsächlich einen Riesenhaufen Geld eingespielt, manche Quellen sprechen von einem hohen zweistelligen Millionenbetrag. Das Filmchen geht im Netz viral, als Celebrity-Sextapes noch eine ganz neue Sache sind. Rand Gauthier befindet sich zu dem Zeitpunkt schon auf der Flucht, und zwar ohne viel Bares in der Tasche. Die Originalkassette gibt es auch nicht mehr. Der Grund: Gauthier tut sich anfangs mit einem ehemaligen Pornostar und Studiobesitzer namens Milton »Uncle Miltie« Ingley zusammen, um einen Vertrieb für das Video zu finden. Das erweist sich als schwierig, Unterstützung kommt schließlich von einem Herrn namens Louis »Butchie« Peraino, Nachkomme der Colombo-Familie, eines Verbrecherclans, der bereits den legendären Pornostreifen *Deep Throat* finanziert hatte. Das heißt: Die Geschichte ist von Rock 'n' Roll über Diebstahl und Schwarzmarkt jetzt bei der Mafia angelangt.

Gauthier und Ingley verkaufen Kopien des Filmchen über diverse Websites und tarnen den Geldfluss über ein Konto in den Niederlanden. Gauthier fährt sogar mit einem Van voller VHS-Kassetten durch die Gegend. Sein Kompagnon hingegen macht sich irgendwann vom Acker. Dummerweise zieht sich noch ein Mitarbeiter von Ingley seine eigene Kopie und startet ebenfalls einen kleinen Handel mit dem Video. Derweil setzen Anderson/Lee einen Privatdetektiv – und womöglich auch ein paar ihrer angsteinflößenderen Freunde – auf die Quelle der Verbreitung ihres Urlaubsvideos an. Gauthier muss untertauchen, Ingley flieht nach Europa. Beide gehören zu den Beschuldigten in der Zehn-Millionen-Dollar-Klage des Ehepaars. Und leider gibt es da noch ein paar Schulden bei Peraino, dem Mafianachfahren … wie in einem Krimi.

Aber es wird noch besser: Die Klage von Anderson/Lee wird abgewiesen. Dass die Verbreitung der Aufnahmen die Privatsphäre des Ehepaars verletzt, sollte außer Frage stehen. Juristisch sieht das jedoch anders aus, auch weil es sich um »Persönlichkeiten des öffentlichen Lebens« handelt. Immerhin bringt eine gerichtliche Verfügung Ingleys Handel aus Übersee zum Erliegen. Und Gauthier, der eigentliche Dieb, hat schließlich überhaupt nichts mehr von seiner grandiosen Idee, weil der Internet-Entrepreneur Seth Warshavsky einen ziemlich unverfrorenen Plan durchzieht: Am 7. November 1996 sendet er das Video über eine Website namens Club Love für fünf Stunden am Stück. Erstens kann ihn Gauthier dafür offensichtlich nicht belangen, zweitens sind Anderson/Lee damit endgültig mit allen Bemühungen gescheitert, das Material unter Verschluss zu halten.

Um zu retten, was noch zu retten ist, übertragen Pamela Anderson und Tommy Lee schließlich die Rechte an Warshavsky, der sie zusammen mit dem Erotikimperium Vivid Entertainment nach allen Regeln der Kunst vermarktet, etwa unter dem Titel *Pam & Tommy Lee: Hardcore & Uncensored*. Angeblich haben die beiden Stars nie finanziell davon profitiert, aber natürlich vermutet so mancher, dass es »hintenrum« einen Deal gegeben haben muss. Es folgt aber noch mindestens ein Verfahren, bei dem Anderson/Lee ein hoher Schadensersatz (1,5 Millionen Dollar) von Warshavskys Firma IEG zugesprochen wird.

Und was machen die, die ursprünglich das dicke Geld einstreichen wollten? Ingley kehrt erst in die USA zurück, als Mafiamann Peraino an Krebs erkrankt, und verstirbt selbst wenig später völlig mittellos. Am allerwenigsten hat Rand Gauthier von dem Sexfilmchen. Er arbeitet in der Folgezeit wieder als Elektriker. Angesichts der offensichtlichen Liebe und Zuneigung des frisch verheirateten Pärchens in dem Video sagte er später dem *Rolling Stone*: »Das war süß. Sie lieben sich, sie haben Spaß miteinander, und das ist großartig. Mich macht das neidisch. Ich wünschte, ich hätte so etwas auch.« Ein Happy End sieht anders aus.

Celebrity-Sextapes machen in der Folgezeit immer wieder die Runde, sorgen für werbewirksame Aufmerksamkeit oder persönlichen Schaden angesichts der Verletzung der Privatsphäre, nicht selten für beides. Manche Protagonisten werden wegen der Mitschnitte erst berühmt, man denke nur an die Unternehmerin Kim Kardashian.

Der durchaus beträchtliche kommerzielle Erfolg des Pam-und-Tommy-Videos zieht eine ganze Reihe an wackeligen Sexfilmchen nicht zuletzt mit Rockstars nach sich. So taucht Pamela Anderson 1998 in einem zweiten Filmchen auf – diesmal mit Poison-Sänger Bret Michaels –, das noch vor ihrer Hochzeitreise mitgeschnitten worden war. Selbstredend behält der Rocker sein obligatorisches Stirnband in jeder Position auf dem Kopf. Die Verbreitung lässt sich gerichtlich unterbinden, online kursieren erwartungsgemäß Ausschnitte.

Mötley-Crüe-Sänger Vince Neil wiederum kann natürlich nicht hinter seinem Bandkollegen Tommy zurückstecken und stimmt 1999 der Veröffentlichung einer sechs Jahre alten Aufnahme zu, die ihn in einer nackigen Dreierkonstellation zeigt. Am fröhlichen Ringelreihen beteiligt sind *Penthouse*-Model Brandy Ledford, im Film unkenntlich gemacht, außerdem die Pornoaktrice Janine Lindemulder – bekannt als die gummibehandschuhte Krankenschwester auf dem Cover von *Enema Of The State*, dem 1999er-Album von Blink-182.

Fred Durst hingegen hat vor allem Pech, zumindest nach eigenen Angaben. Als er seinen Rechner in Reparatur gibt, entdeckt dort jemand auf der Festplatte ein Dreiminutenvideo, das den Limp-Bizkit-Frontmann mit einer früheren Freundin zeigt. Als sich 2005 die Aufnahme im Netz verbreitet, verklagt Durst das Webportal Gawker und neun weitere auf 70 Millionen Dollar Schadensersatz. Gawker fängt sich 2016 übrigens noch eine fettere Klage ein: Hulk Hogan werden wegen eines ähnlichen Falls 115 Millionen zugesprochen – was die Webfirma in den Konkurs treibt.

2006 tauchen Kid Rock und Scott Stapp (Creed) mit gleich vier Damen in einem Tourbusvideo von 1999 auf, gehen juristisch dagegen vor – und streiten sich. Stapp erklärt, das Sextape sei aus seinem Haus gestohlen worden, Kid Rock nennt ihn einen »Idioten«, weil er das Ding »verloren« habe. Und überhaupt: Wenn jemand Geld damit verdiene, dann gehöre das ihm, findet Kid Rock: »Es ist schließlich meine Performance.« Der Spruch von Stapp im Clip zeugt ebenfalls von Selbstbewusstsein: »It's good to be king!« Angeblich haben die beiden Musiker seitdem nicht mehr miteinander geredet.

Dabei muten die Erlebnisse dieser beiden Jungspunde wie Amateurkram an im Vergleich zur »Karriere« von Kiss-Schlabberzunge Gene Simmons. Zumindest nach eigenen Angaben hat der bekennende Connaisseur der fleischlichen Rockstar-Freuden es seit den Siebzigern ausführlich krachen lassen. Ein Mitschnitt neueren Datums taucht 2008 auf und zeigt Simmons mit einer jungen Frau, angeblich ein österreichisches Model namens Elsa, aufgenommen ohne die

Zustimmung des Musikers. Doch laut der Boulevard-Website *TMZ* hatte Gene schon Jahre vorher von diesem Tape erfahren und sich die Rechte gesichert. Wer es jetzt veröffentlicht, wird zusätzlich noch wegen Copyrightverletzung verklagt. So schnell lässt sich ein Veteran nicht ausmanövrieren. Wie er das alles seiner Frau erklärt, steht allerdings auf einem anderen Blatt.

DANK

Ein großes »Danke!« geht raus an:

- meine Herzdame Andrea, mit der ich immer die besten Ideen habe. Danke für die Inspiration zu *Rock Stories*, danke für das unbestechliche Lektorat. Bin stolz, Autorinnengatte zu sein. Einige der Texte in diesem Buch haben wir zusammen geschrieben, nämlich »Der Schüler, der wegen eines Korn-Shirts suspendiert wurde«, »Jon Bon Jovi heiratet seine Jugendliebe – heimlich«, »Boxer Mike Tyson hat einen Glücksbringer: Joan Jett«, »Elton John heiratet die Tontechnikerin Renate Blauel«, »Die traurige Geschichte hinter Eric Claptons ›Tears in Heaven‹«, »Kurt Cobains letzte Tage«, »Keith Richards zieht sich seinen Vater in die Nase«, »George Harrison heiratet – Eric Clapton grätscht rein« und »(K)ein Eiswagen für Mick«. Sind womöglich die besten.

- meine Töchter Finja und Philomena, und zwar grundsätzlich. Ich befürchte, mit der Zeit wird es noch schlimmer mit dem alten Rocker und seiner Anekdotenerzählerei. Ich bin gespannt, welche Geschichten ihr selbst erlebt.

- Oliver Schneider von der Agentur Streckenbach, der den Deal eingefädelt hat, die Fäden zusammenhält und mich auf Bühnen bringt, auf die ich mit meinen Rock-'n'-Roll-Bands noch nicht gekommen bin.

- Mischa Gayring und den Riva Verlag für die Veröffentlichung und die Orientierung in der wilden Buchwelt. Martin Holz für den Startschuss.

- alle, die mich bei der Recherche unterstützt haben.

- alle, die über die Jahre Artikel gelesen, Podcasts gehört, Moderationen gelauscht, Blogs geklickt, Konzerte besucht, Bierchen getrunken und vom Fach gesimpelt haben. An euch ein donnerndes »Oh yeah!«.

Danke vor allem an dich fürs Lesen!

See you on tour!

C. L.

stories@rockstories.de
www.rockstories.de

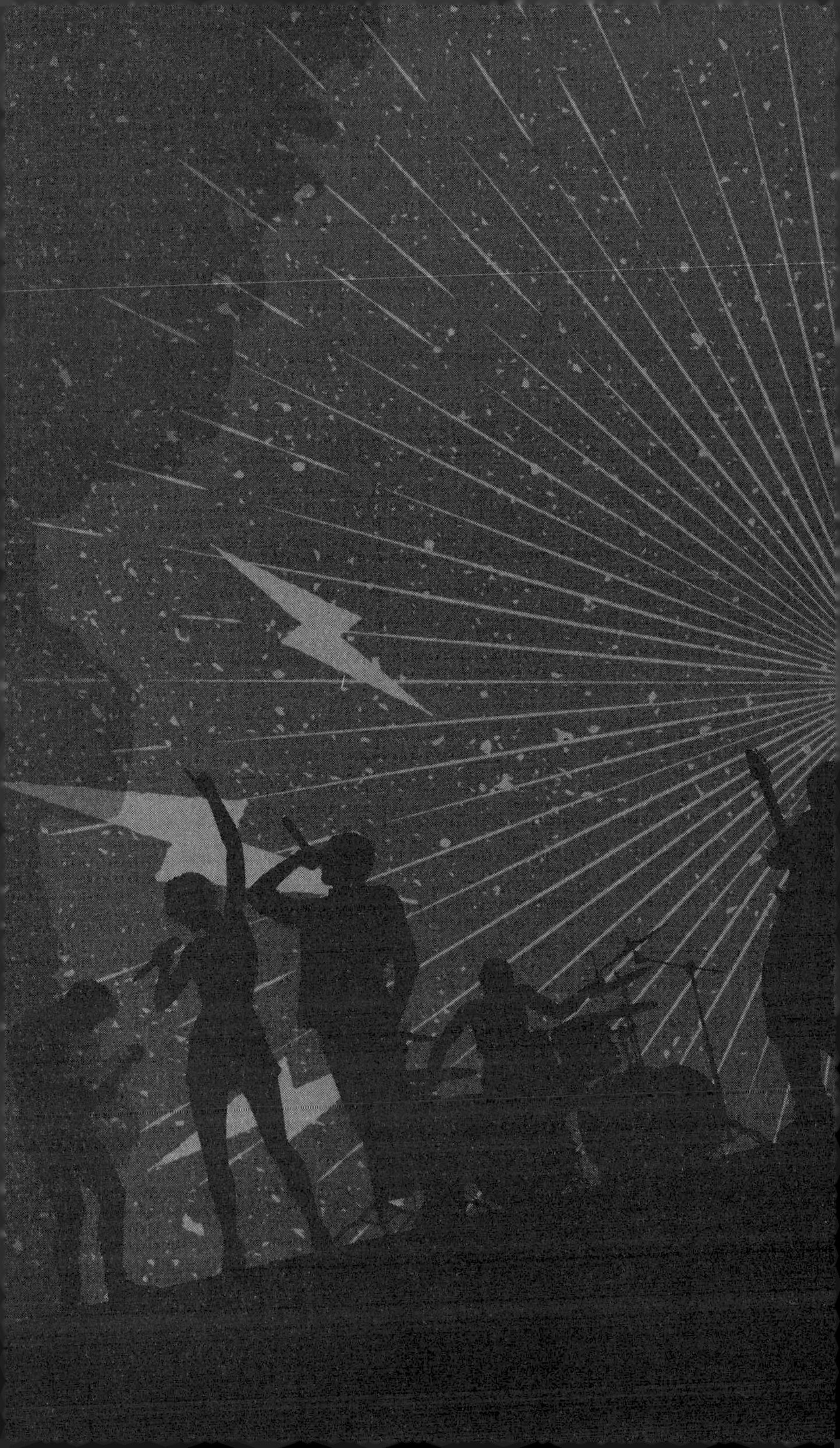

Bibliografische Information der Deutschen Nationalbibliothek
Die Deutsche Nationalbibliothek verzeichnet diese Publikation in der Deutschen Nationalbibliografie. Detaillierte bibliografische Daten sind im Internet über https://dnb.de/ abrufbar.

Für Fragen und Anregungen
info@m-vg.de

Wichtiger Hinweis
Ausschließlich zum Zweck der besseren Lesbarkeit wurde auf eine genderspezifische Schreibweise sowie eine Mehrfachbezeichnung verzichtet. Alle personenbezogenen Bezeichnungen sind somit geschlechtsneutral zu verstehen.

Originalausgabe
6. Auflage 2025

Türkenstraße 89
80799 München
Tel.: 089 651285-0

Redaktion: Ronit Jariv
Umschlaggestaltung: Marc-Torben Fischer
Umschlagabbildung: Shutterstock.com/Lena Pan, Shutterstock.com/Paul Craft
Innenteilabbildungen: Shutterstock.com/Paul Craft, Shutterstock.com/BananyakoSensei, Shutterstock/Paper Wings, Shutterstock/Christos Georghiou, Shutterstock/YummyBuum Layout und Satz: Andreas Linnemann
Druck: ScandBook, Litauen
Printed in the EU

ISBN Print 978-3-7423-1945-6
ISBN E-Book (EPUB, Mobi) 978-3-7453-1680-3